Marie Laforêt

Vegan & günstig

> Tragen Sie sich jetzt unter
> **www.vegetarisch-und-vegan.de**
> für unseren Newsletter ein und erhalten
> Sie kostenlose Rezepte und Infos
> zu neuen Veröffentlichungen!

Bibliografische Information der Deutschen Nationalbibliothek
Die Deutsche Nationalbibliothek verzeichnet diese Publikation in der Deutschen Nationalbibliografie. Detaillierte bibliografische Daten sind im Internet über http://d-nb.de abrufbar.

Für Fragen und Anregungen
info@rivaverlag.de

Wichtige Hinweise
Dieses Buch ist für Lernzwecke gedacht. Es stellt keinen Ersatz für eine individuelle medizinische Beratung dar und sollte auch nicht als solcher benutzt werden. Wenn Sie medizinischen Rat einholen wollen, konsultieren Sie bitte einen qualifizierten Arzt. Der Verlag und die Autorin haften für keine nachteiligen Auswirkungen, die in einem direkten oder indirekten Zusammenhang mit den Informationen stehen, die in diesem Buch enthalten sind.

Ausschließlich zum Zweck der besseren Lesbarkeit wurde auf eine genderspezifische Schreibweise sowie eine Mehrfachbezeichnung verzichtet. Alle personenbezogenen Bezeichnungen sind somit geschlechtsneutral zu verstehen.

1. Auflage 2021
© 2021 by riva Verlag, ein Imprint der Münchner Verlagsgruppe GmbH
Türkenstraße 89
80799 München
Tel.: 089 651285-0
Fax: 089 652096

Die französische Originalausgabe erschien 2020 bei Editions Solar unter dem Titel *Cuisine vegan petit budget*.
© 2020 Editions Solar, an imprint of Edi8, Paris. All rights reserved.

Alle Rechte, insbesondere das Recht der Vervielfältigung und Verbreitung sowie der Übersetzung, vorbehalten. Kein Teil des Werkes darf in irgendeiner Form (durch Fotokopie, Mikrofilm oder ein anderes Verfahren) ohne schriftliche Genehmigung des Verlages reproduziert oder unter Verwendung elektronischer Systeme gespeichert, verarbeitet, vervielfältigt oder verbreitet werden.

Übersetzung: Christa Trautner-Suder
Redaktion: Ulrike Reinen
Umschlaggestaltung: Catharina Aydemir
Abbildungen: © Marie Laforêt; S. 8 © Linda Louis
Satz: inpunkt[w]o, Haiger (www.inpunktwo.de)
Druck: Firmengruppe APPL, aprinta Druck, Wemding
Printed in Germany

ISBN Print 978-3-7423-1573-1
ISBN E-Book (PDF) 978-3-7453-1254-6
ISBN E-Book (EPUB, Mobi) 978-3-7453-1255-3

Weitere Informationen zum Verlag finden Sie unter

www.rivaverlag.de

Beachten Sie auch unsere weiteren Verlage unter www.m-vg.de

Marie Laforêt

Vegan & günstig

85 leckere und ausgewogene Gerichte

Vorwort

»Ich kann mich leider nicht vegan ernähren, ich mag nämlich keine Avocados.« Über diese Aussage kann man lächeln, genau so und völlig ernsthaft wurde sie jedoch gemacht. Ich hatte einen Vortrag in der Bücherei einer kleinen Ortschaft, 100 km von Montreal entfernt, gehalten. Um den Zuhörern nach den nüchternen Grafiken über die Umweltfolgen und den Fotos von der industriellen Viehzucht den Mund wässrig zu machen, hatte ich einige Bilder veganer Gerichte gezeigt, die mir appetitanregend erschienen. Da ich um jeden Preis die Wahrnehmung der veganen Küche als farb- und geschmacklos widerlegen wollte, zeigte ich bunt bestückte Teller, die alle mindestens eine Avocado und ein halbes Dutzend fein geschnittener Gemüsesorten und Vollkornprodukte enthielten.

Die 75 Millionen Veganer, die weltweit gezählt werden, haben wahrscheinlich noch etwas anderes zu tun als ständig zu kochen, und verfügen nicht über eine Speisekammer, die mit exotischen Mehlsorten und sperrigen Geräten gefüllt ist. Genau diesen Eindruck erweckt die vegane Küche jedoch häufig. Ja, natürlich kann es interessant und anregend sein, innovativ zu sein, neue Zutaten in Fachgeschäften zu entdecken und ganze Tage am Herd zuzubringen, ohne sich darum zu sorgen, was man mit den Resten anfangen wird. Aber nicht jeden Tag.

Was Marie Laforêt in *Vegan & günstig* vorstellt, ist genau eine Küche für jeden Tag, die für Familien ebenso passend ist wie für Single-Haushalte, für Stadtbewohner ebenso wie für alle, die außerhalb großer Zentren leben. Die meisten Rezepte lassen sich in weniger als 30 Minuten zubereiten – und das mit Zutaten, die überall problemlos erhältlich sind.

Mit *Vegan & günstig* entdecken wir im wahrsten Sinne des Wortes eine populäre und solidarische Küche.

Gegenwärtig isst die sehr große Mehrheit von uns – ob Veganer oder Allesesser – bei Weitem mehr, als uns nach den verfügbaren Ressourcen auf der Welt zusteht. Ob wir es wollen oder nicht, wir müssen unsere Art des Konsums drastisch verändern. Dabei reicht es nicht aus, Produkte tierischen Ursprungs aus der Ernährung zu verbannen, sondern auch insgesamt weniger zu konsumieren.

Man kann sich fragen, ob die vegane Küche, die aus importierten und stark verpackten Lebensmitteln und mit angeblich besonderen Utensilien zubereitet wird, nicht auch Teil dieses Problems ist. Nicht die ganze Welt kann täglich farbenfrohe Gerichte mit Avocados essen. Dafür haben wir als Gemeinschaft ganz einfach nicht genügend Ressourcen.

Es gibt also kurz gesagt nicht nur wirtschaftliche Gründe, um die vegane und günstige Küche zu favorisieren. Sie eröffnet auch den Weg zu einer ökologischen Wende.

Élise Desaulniers

Élise Desaulniers ist Generaldirektorin der Tierschutzorganisation SPCA von Montreal. Zudem ist sie freischaffende Forscherin und Autorin zahlreicher Artikel über Veganismus, Feminismus und Antispeziesismus. Sie ist außerdem in dem Film *Plan B für die Erde – Wer rettet Mutter Natur?* zu sehen.

Inhaltsverzeichnis

EINLEITUNG

Vegane Küche – nur etwas für Wohlhabende? 10
Die Grundzutaten 14
Günstiges Arbeitsmaterial 20
DIY: Was sich wirklich lohnt 23
Reste geschickt verwerten 25

FRÜHSTÜCK UND BRUNCH

SNACKS UND FINGERFOOD

SUPPEN UND SALATE

HAUPTGERICHTE UND BEILAGEN

DESSERTS UND KLEINE LECKEREIEN

Zutatenregister 200
Rezeptregister 206

9

30

62

94

126

168

 maximal 1 € pro Portion

 maximal 30 Minuten Zubereitungs- und Kochzeit

 maximal 5 Zutaten erforderlich (abgesehen von Wasser, Öl, Salz und Pfeffer)

7

Einleitung

Seit Jahren habe ich Lust, dieses Buch zu veröffentlichen und bin begeistert, dass es nun endlich herauskommen kann. Ich möchte mit der Thematik zu einer globaleren ethischen Dimension und zu Überlegungen gelangen, die über den Veganismus hinausgehen. Auf meinem kulinarischen Weg habe ich häufig komplizierte Rezepte mit verschiedensten Zutaten vorgestellt, die gelegentlich exotisch waren und nicht aus lokaler Produktion stammten.

Lange wurde meine Küche durch die mir eigene Neugier bestimmt und durch meine Freude am Experimentieren mit neuen Zutaten. Zudem hatte auch meine persönliche Vorgehensweise, die stark zu Bio-Produkten tendiert, einen deutlichen Einfluss auf die Zutaten, die ich bei meinen Rezepten bevorzuge. Nichts jedoch ist unveränderlich und mein ethisches Ernährungsbewusstsein macht zum Glück Fortschritte.

Mit diesem Buch möchte ich nicht einfach nur eine preiswerte Küche vorstellen. Übrigens habe ich gewisse Bücher »für den kleinen Geldbeutel«, die sowohl vom Nährstoffgehalt als auch unter kulinarischem Gesichtspunkt wenig interessante Rezepte vorstellen, häufig ziemlich kritisch betrachtet. Es stellt daher eine schöne Herausforderung dar, leckere, reichhaltige, kreative und nahrhafte Rezepte mit einfachen Zutaten vorzustellen, die der Allgemeinheit wirklich zugänglich sind.

Der englische Ausspruch *less is more* (weniger ist mehr) ist, was die minimalistische Umsetzung betrifft, zu einem Leitmotiv geworden. Etwas auf das Wesentliche zu reduzieren, um mit diesen Kreationen zu überzeugen, inspiriert mich heute, meine Gewohnheiten bei kulinarischen Erfindungen und in der Alltagsküche zu überdenken.

Ja, hier wird es um vegane UND günstige Rezepte gehen, aber ich will mich dabei nicht auf diese beiden Bereiche beschränken, sondern mich einer lokaleren Küche verschreiben mit einem sanfteren sozialen, klimatischen und ökologischen Einfluss, mit guten Nährwerten und einer einladenden Küche, die einfach und lecker ist. Hier folgen also tolle Rezepte für jeden Tag und ich hoffe, dass sie wirklich für jeden machbar sind.

Vegane Küche —
nur etwas für Wohlhabende?

Als ich Veganerin wurde, stand ich finanziell wirklich schlecht da. Ich hatte gerade mein Studium beendet, arbeitete in Teilzeit mit der Betonung auf »Teil« und mit dem Status einer Freiberuflerin. Meine Priorität war lange Zeit meine Miete bezahlen zu können. Das heißt, ich aß viele Linsen und Pasta. Bio-Ware konnte ich mir nicht immer leisten, versuchte jedoch stets, einige preiswerte Bio-Produkte zu bekommen, indem ich in verschiedene Geschäfte ging. Diese persönliche Erfahrung hat dafür gesorgt, dass ich jahrelang davon überzeugt war, man könne auch mit einem kleinen Budget problemlos vegan und zu einem gewissen Anteil auch »Bio« essen. Dabei berücksichtigte ich jedoch die folgenden Parameter nicht: Ich hatte genügend Zeit, meine Einkäufe in verschiedenen Läden zu tätigen, ich lebte in der Stadt in einem großen Ballungsgebiet mit Läden, die zu Fuß erreichbar waren, ich war jung und fit, hatte keine gesundheitlichen Probleme, war kinderlos und verfügte über eine Küche. Kurz gesagt besaß ich Privilegien, über die nicht zwangsläufig alle Haushalte mit eingeschränktem Lebensmittelbudget verfügen. An vielen Orten sind Bio-Läden nur per Auto erreichbar. Von Fachgeschäften, die ihre Waren unverpackt verkaufen, will ich gar nicht sprechen. Der Supermarkt bleibt also für viele Menschen der bevorzugte Einkaufsort für Nahrungsmittel und Alltagsprodukte.

Ist veganes Essen privilegierten Menschen vorbehalten?

Während ich diese Frage lange mit Nein beantwortet und vorgeschlagen hatte, den Preis für ein Steak mit dem Preis für Linsen zu vergleichen, muss ich inzwischen gestehen, dass diese Antwort bestenfalls sehr naiv und vor allem unaufrichtig war. Niemand wählt die Selbstkosten in Form des »Äquivalents für Eiweiß«, um die Kosten für seine Mahlzeiten zu berechnen. Eine ehrliche Rechnung würde den Preis für ein Steak tierischen Ursprungs mit dem eines pflanzlichen Steaks vergleichen. Und da wird einem klar, dass dabei eine völlig andere Antwort herauskommt. Im Handel erhältliche pflanzliche Steaks sind teurer als tierische Steaks, da die Fleischindustrie auf europäischer und nationaler Ebene stark subventioniert wird. Will man pflanzliche Steaks selbst zubereiten, sind — je nach Rezept — zahlreiche Zutaten erforderlich, die nicht immer im Supermarkt erhältlich sind, die man sich nicht immer leisten kann und die vor allem Zeit und gelegentlich zusätzliche Küchengeräte verlangen, über die nicht jeder verfügt.

Während finanziell gut gestellte Familien Steak, Joghurt, Käse und Sonstiges problemlos durch im Handel erhältliche vegane Alternativen ersetzen können und sich daher für eine industrielle Ernährung entscheiden können, ohne ihre Gewohnheiten ändern zu müssen, gilt dies für weniger privilegierte Menschen nicht. Die Umstellung auf eine pflanzliche Ernährung verlangt natürlich nicht, die Mahlzeiten an einer Ernährung mit Fleisch und industriell erzeugten Produkten wie Burger, Steak mit Pommes und Rezepten mit viel Käse auszurichten, die im Alltag eher Ausnahmen darstellen sollten. Die Rezepte im vorliegenden Buch basieren auf der Verwendung nährstoffreicher unverarbeiteter Produkte wie Getreide und Hülsenfrüchte. Wir sprechen hier also nicht nur davon, vegan zu essen und die Produkte durch pflanzliche Alternativen zu ersetzen, sondern sehr wohl auch über eine tiefgreifende Ernährungsumstellung mit der Bevorzugung von rohen und wenig verarbeiteten Lebensmitteln. Das ist garnicht mal so leicht.

Die ungleichen Möglichkeiten bei der Lebensmittelwahl bestehen auch dann, wenn gut gestellte Haushalte sich für hausgemachte Mahlzeiten und eine gesündere Ernährung entscheiden. Da sie in der Regel über größere Wohnungen und damit auch eine geräumigere Küche verfügen, in der sich mehr Zutaten und Arbeitsmaterialien aufbewahren lassen, haben sie auch eher Elektrogeräte, mit denen sich verschiedene Produkte zeitsparend zubereiten lassen. Weniger gut gestellte Haushalte, die, meist aus finanziellen Gründen, kaum eine andere Wahl haben, als die Mahlzeiten selbst zuzubereiten, müssen zudem mit Einschränkungen hinsichtlich Arbeitsmaterial, Platz und finanziellen Mitteln zum Kauf der Zutaten zurechtkommen. Außerdem müssen sie unter Tausenden von Rezepten diejenigen heraussuchen, die mit dem verfügbaren Budget kompatibel sind. Kurz gesagt ist dies alles eine deutlich größere mentale Belastung.

Zudem sind alle angebotenen veganen Nahrungsmittel, die man mit einem besonderen Genuss verbindet, wie Eiscreme, Kuchen, Kekse, Süßigkeiten, Käse, Pizza und andere, durchgängig teurer als die nichtvegane Version. Die einfache Entscheidung für Sojamilch im Kaffee kann bei einem Getränk einen Aufschlag von 80 Cent bedeuten. Genuss ist jedoch ein wesentlicher Teil unserer Ernährung. Der große Preisunterschied bei dieser Art von Nahrungsmitteln kann für Menschen, die finanziell nicht gut gestellt sind, ein zusätzliches Hindernis dafür sein, sich einer zu 100 % pflanzlichen Ernährung zuzuwenden.

Wie sieht die vegane Küche heute aus?

Cashewkäse, Avocado-Toast und Schokokuchen gehören zu den veganen Rezepten, die in den Medien den größten Anklang finden. Aber sind das wirklich Alltagsgerichte? Ihr Preis und ihr ökologischer wie sozialer Einfluss sollten sie eher zu Ausnahmerezepten für besondere Gelegenheiten machen. Menschen (zu denen auch ich gehöre), die einen Kochblog und Instagram-Accounts mit sehr verlockendem Inhalt (hübsche Fotos, gut ausgearbeitete Rezepte, regelmäßige Posts, Beherrschung digitaler Möglichkeiten und visueller Codes) betreiben können, gehören häufig einer besser gestellten gesellschaftlichen Schicht an. Ihre Wahl an Zutaten und Rezepten spiegelt natürlich ihr Interesse für kulinarische Trends wider (beispielsweise angesagte Zutaten, rohe und gesunde Lebensmittel, Superfood, Rainbow-Food) und außerdem ihr gutes Verhältnis zu Firmen im Lebensmittelsektor und ihre Kaufkraft. Die vegane Küche ist an sich keine »Küche für Wohlhabende«, jedoch lässt es sich nicht leugnen, dass die Menschen, die heute für sie werben und sich Rezepte ausdenken (oder Kochbücher schreiben), selten arm sind. Zum Glück befindet sich die vegane Küche in einem ständigen Prozess der Neuerfindung und es sind Bewegungen der Ernährungsgerechtigkeit zu beobachten, die sich der Frage annehmen und für einen gerechten Zugang zu einer gesunden Ernährung und zum Veganismus kämpfen.

Ich selbst bin Verfechterin einer Ernährung mit weniger verarbeiteten, weniger industriell erzeugten Produkten, die gesünder ist und mehr frische Zutaten aus regionaler und saisonaler Produktion verwendet. Ich glaube, die Lebensmittelindustrie steht weder auf unserer noch auf der Seite unseres Planeten, und wenn wir unsere Ernährung wieder selbst in die Hand nehmen, können wir Entscheidungen treffen, die auf besseren Informationen beruhen, können wir unsere Speisen wieder sinnvoller gestalten und die Kosten für unsere Mahlzeiten senken. Für ein solches Vorgehen braucht es aber Zeit, um sich über Ernährung zu informieren; man muss Zugang zu bestimmten Zutaten haben, bestimmte Zubereitungsmethoden lernen und vor allem die nötige Zeit und Energie zum Kochen haben. Und genau das ist zugegebenermaßen sehr viel weniger selbstverständlich, wenn man einen weiten Weg zur Arbeit hat, öffentliche Verkehrsmittel nutzen muss, weil man kein Auto besitzt oder wenn man alleinerziehend ist. Es ist sehr viel einfacher, sich für eine vollständige Umstellung der Ernährung zu entscheiden, wenn man mit keinen derartigen Hindernissen zu kämpfen hat.

Meine allgemeine politische Einstellung bringt mich dazu, die Ausbeutung von Tieren mit der Ausbeutung von Menschen in Beziehung zu setzen. Wenn wir uns eine Gesellschaft herbeiwünschen, die die Ausbeutung von Tieren ablehnt, können wir nicht unbeachtet lassen, dass das aktuelle kapitalistische Wirtschaftssystem Ungleichheiten fortbestehen lässt, die einen großen Einfluss auf die Lebensqualität weniger privilegierter Menschen haben. Weniger tierische Produkte zu essen und sich für eine mehr und mehr pflanzliche Ernährung zu entscheiden, ist bereits ein großer Schritt. Der Schlüssel zu einer gelungenen Ernährungsumstellung scheint mir zu sein, im eigenen Tempo voranzukommen und dabei von einer wohlwollenden Gemeinschaft unterstützt zu werden, die unsere Bemühungen begrüßt und die nach dem Prinzip gegenseitiger Unterstützung handelt.

Die Grundzutaten

Denjenigen, die meine anderen Bücher kennen oder die bereits Zutatenlisten für den idealen veganen Vorratsschrank studiert haben, ist sicher nicht entgangen, dass bestimmte unverzichtbare Produkte häufig ausschließlich in Bio-Läden und/oder nicht gerade preiswerten Geschäften erhältlich sind (dabei denke ich beispielsweise an Cashewmus). Um für dieses Buch Rezepte zu entwickeln, die wirklich »günstig« sind, habe ich mich an einige Grundsätze gehalten:

- Zutaten, die im Supermarkt erhältlich sind
- preiswerte, gesunde und nahrhafte Zutaten
- Grund- und Vielzweckzutaten, die bei mehreren Rezepten Verwendung finden

Diese Liste enthält unverzichtbare Grundzutaten für die Alltagsrezepte, die ich in den folgenden Kapiteln vorstelle:

Getreide

Nudeln und Reis
Unumgänglich! Um bei Zutaten zu bleiben, die am einfachsten überall erhältlich sind, habe ich bei meinen Rezepten gewöhnliche Nudeln und weißen Reis verwendet. Es steht Ihnen natürlich frei, Vollkornsorten oder glutenfreie Pasta – je nach Bedürfnis und Verfügbarkeit – zu verwenden.

Mehl
Demselben Gedanken folgend, handelt es sich bei dem Mehl in diesen Rezepten um ein Allzweck-Weizenmehl Type 550. Sie können es ersetzen durch Type 405 und eventuell auch durch Halbvollkornmehl Type 812. Für glutenfreie Rezepte wählen Sie eine gebrauchsfertige Mischung. Falls Sie andere Mehlsorten (z. B. Kastanienmehl oder Reismehl) mitverwenden möchten, rate ich Ihnen, nicht mehr als 25 % des Weizenmehls durch andere Sorten zu ersetzen.

Haferflocken
Diese kleinen Flocken sind echte Stars in der gesunden und leckeren Küche, dennoch werden sie häufig unterschätzt. Man muss kein Liebhaber von Porridge sein, um sie auf den Speiseplan zu setzen! Sie sind reich an löslichen Ballaststoffen, an Proteinen und Mineralstoffen und gehören zu den Lebensmitteln, die man häufiger verzehren sollte. Sie eignen sich perfekt zum Frühstück oder für eine Zwischenmahlzeit, aber auch für viele Desserts. Zudem ist auch ihr Preis-Qualitäts-Verhältnis sehr gut.

Hülsenfrüchte

Kichererbsen, Bohnen und Linsen

Häufig bleiben diese Hülsenfrüchte unbeachtet oder werden schlecht zubereitet, dabei sind sie Meister im Verhältnis Nährwert/Preis. Es lassen sich zahlreiche Rezepte damit zubereiten. Erhältlich sind sie hauptsächlich in zwei Formen: getrocknet und als Konserve (Dose oder Glas). Getrocknet sind sie preiswerter, verlangen aber eine gewisse Kochzeit; Kichererbsen und Bohnen müssen sogar mehrere Stunden lang eingeweicht werden, sodass eine solche Mahlzeit vorgeplant werden muss. Hülsenfrüchte aus der Dose haben den Vorteil, sofort verwendbar zu sein und sich lange zu halten. Wählen Sie Hülsenfrüchte, die nicht zubereitet sind, denn die Aromastoffe, die bei Fertigprodukten verwendet werden, sind nicht immer vegan. Wählen Sie die Gewürze bei der Zubereitung selbst. Bei den Zutaten auf dem Etikett sollten lediglich die Hülsenfrucht, Wasser und Salz aufgeführt sein.

Erbsen

Häufig vergisst man, dass sie kein Grüngemüse, sondern Hülsenfrüchte sind! Bei Erbsen rate ich Ihnen hingegen: Meiden Sie Konserven! Diese Erbsen sind zu lange gekocht, zu weich und haben einen ausgeprägten Konservengeschmack – hier sind die Tiefkühlerbsen sehr viel besser. Da sie praktisch überall erhältlich sind, brauchen Sie kein Gefrierfach, sondern können sie 1–2 Tage im Voraus kaufen und im Kühlschrank aufbewahren.

Sojajoghurt

Aber ja, auch Soja gehört zu den Hülsenfrüchten! Joghurt auf Basis von Sojamilch zählt wie eine Portion Hülsenfrüchte am Tag. Es handelt sich um die preiswertesten pflanzlichen Joghurts, die man praktisch in jedem Supermarkt bekommt, auch als Eigenmarke. Ich verwende sie in der Küche, um eine gewisse Cremigkeit zu erzielen und um »käsigen« Zubereitungen einen milchigen und säuerlichen Geschmack zu verleihen, aber auch für Soßen, Kuchen und Frühstücksrezepte.

Ölfrüchte und Öle

Olivenöl

Es ist fruchtig und aromatisch, antioxidativ und reich an Omega-9 (einfach ungesättigte Fettsäuren) und gehört zu den bevorzugten Ölen in der Küche. Ich verwende es hauptsächlich für herzhafte Rezepte, es eignet sich aber ebenso gut auch für Desserts. Zu bevorzugen ist ein kalt gepresstes natives Olivenöl extra, dessen Qualität sowohl hinsichtlich der Nährstoffe als auch des Geschmacks besser ist.

Neutrales Öl

Unter dieser Bezeichnung finden Sie im Handel kein Öl. Gemeint ist ein desodoriertes Öl (wie Sonnenblumenöl) oder eines, das von Natur aus sehr geschmacksneutral ist (beispielsweise Traubenkern- oder Erdnussöl). Ich verwende es, wenn ich den gelegentlich sehr ausgeprägten Geschmack von Olivenöl vermeiden oder einem Rezept einfach nur etwas Fett zusetzen möchte.

Sonnenblumenkerne (geschält)

Sie gehören zu den wenigen Zutaten, die man nicht in jedem Supermarkt findet, die jedoch sehr kostengünstig und für den täglichen Verzehr interessant sind. Diese kleinen Kerne, die reich an Proteinen, Vitamin E und Calcium und auch eine gute Eisenquelle sind, enthalten zahlreiche Mineralstoffe und B-Vitamine. Man bekommt sie in Bio-Qualität für rund 5 € pro Kilo.

Mandeln, Walnüsse und Haselnüsse

Diese Ölfrüchte sind etwas teurer, liefern jedoch zusätzliche Nährstoffe und werden in kleinen Mengen verzehrt. Geben Sie beispielsweise eine Handvoll Walnüsse in den Salat oder eine Handvoll Mandeln in Ihr Müsli. Das steigert den Nährwert dieser Speisen und ergänzt sie um eine leckere Note.

Gewürze und Würzmittel

Es sind die Feinheiten, die für den Unterschied sorgen. Auch wenn dies beim Kauf nicht unbedingt ersichtlich ist, sind Gewürze und Würzmittel rentabel, denn pro Rezept wird nur eine sehr kleine Menge davon verwendet.

Zimt
Das Feinschmeckergewürz schlechthin. Zimt aromatisiert zahlreiche Zubereitungen (süß wie herzhaft) und verleiht ihnen eine wohltuende Note.

Vanillezucker
Vanille erzielt Rekordpreise und daran wird sich so bald auch nichts ändern. Bei nahezu 5 € für eine Schote (und 15 € für ein Töpfchen Vanillepulver) überlegt man sich den Kauf zweimal, selbst wenn man über ein komfortables Budget verfügt. Vanillezucker, den man in kleinen Tütchen im Supermarkt bekommt, ist eine wirtschaftlich interessante Alternative, wenn ein Rezept unbedingt eine Vanillenote erhalten soll.

Kreuzkümmel, Muskatnuss, Curry und Co.
Im Supermarkt sind kleine Gewürzdosen problemlos erhältlich. Dabei sind die Eigenmarken häufig preiswerter. Wirtschaftlich günstiger sind bei häufigem Gebrauch die Gewürztüten (zum Umfüllen in eine Dose). Auch zahlreiche auf Gewürze spezialisierte Seiten im Internet bieten interessante Preise (eine Suche mit den Begriffen »preiswerte Gewürze« ergibt viele Ergebnisse). Auf Märkten sind ebenfalls Gewürzhändler zu finden (sie können sehr günstige oder sehr teure Ware anbieten, vergleichen Sie die Preise daher mit denen im Supermarkt, um sie einschätzen zu können).

Geräuchertes Paprikapulver
Es ist im Supermarkt zu finden, wenn auch noch nicht unbedingt überall. Im Internet kann es jedenfalls problemlos bestellt werden. Es ist preiswerter und einfacher in der Verwendung als der berühmte Liquid Smoke (»Flüssigrauch«) und verleiht Gerichten ein rauchiges Aroma. (Geräuchertes Paprikapulver gibt es z. B. für rund 2 € à 50 g.)

Bierhefe/Malzhefe
Bierhefe ist im Supermarkt problemlos erhältlich. Malzhefe, die einen weniger bitteren und intensiveren Geschmack hat, bekommt man im Bio-Laden. Sie wird verwendet, um ein käseartiges Aroma zu erzielen und bestimmte Zubereitungen würziger zu machen. Ich verwende die Hefe auch zum Überbacken im Ofen, für Lasagne und Gratins.

Frische und getrocknete Kräuter

Das Aroma frischer Kräuter ist natürlich unvergleichlich, aber auch getrocknete Kräuter können interessant sein. Die berühmten Kräuter der Provence (eine Mischung verschiedener provenzalischer Kräuter) verleihen den Gerichten sofort eine sonnige und aromatische Note. Dill, Thymian, Rosmarin, Oregano und Estragon sind getrocknet absolut in Ordnung. Ich persönlich tue mich aber mit der getrockneten Form bestimmter anderer Kräuter schwer, bei der die Aromen sehr unterschiedlich hervortreten: Basilikum, Minze, Koriander und Petersilie. Diese Kräuter verwende ich immer frisch. Sie sind in kleinen Schälchen in der Gemüseabteilung mancher Supermärkte erhältlich. Zwar sind sie nicht sehr kostengünstig, aber wenn man die Kräuter regelmäßig verwendet, kann man sie auch selbst im Topf ziehen. Dann sind sie lange haltbar, vorausgesetzt, sie bekommen regelmäßig Wasser und Licht. Für alle schließlich, die eine Gefriertruhe haben, sind tiefgefrorene Kräuter eine gute Alternative zu den frischen.

Sojasoße

Die Geschmacksrichtung »umami« oder »würzig«, die von den Japanern als fünfte Geschmacksrichtung bezeichnet wird (nach salzig, süß, sauer und bitter), findet sich in zubereiteten Lebensmitteln wie Fleisch, Pilzen, Tomatensoße oder Gegrilltem. Sojasoße ist sehr »umami«, damit können manche Gerichte kräftiger gewürzt werden und einer Speise kann mehr Tiefe und Geschmack verliehen werden. Sojasoße ist auch sehr salzig. Erhältlich ist sie im Supermarkt in kleinen Flaschen, in Asia- und Bio-Läden auch in größeren.

Gebäck

Zucker

Für meine Rezepte verwende ich hellen Rohrzucker. Sie können aber ganz nach Ihren Gewohnheiten auch klassischen weißen Haushaltszucker, braunen Rohrzucker oder Vollzucker verwenden.

Backpulver

Ich bevorzuge phosphatfreies Backpulver, das in Bio-Läden und zunehmend auch in Supermärkten erhältlich ist. Herkömmliches Backpulver funktioniert jedoch ebenfalls perfekt.

Pflanzenmilch

Am häufigsten nehme ich Sojamilch, die geschmacksneutral und proteinreich ist und in großen Supermärkten auch unter den Eigenmarken problemlos erhältlich ist. Sie eignet sich perfekt für Gebäck; Sie können jedoch auch andere Pflanzenmilch verwenden, einschließlich hausgemachter.

Günstiges Arbeitsmaterial

Vorbereitung

➤ 1 Kochmesser + 1 Holzbrett
Günstigster Preis: 10 €

Küchenmesser (Typ Kochmesser) bekommt man für weniger als 10 € in großen Supermärkten. Die Investition in ein Messer und ein Schneidbrett dient auch der Sicherheit. Beim Schneiden auf einem Teller besteht die Gefahr, dass man mit dem Messer abrutscht. Damit das Messer scharf bleibt, muss es von Zeit zu Zeit nachgeschliffen werden. Ich rate von Keramikmessern ab: Sie sind gefährlicher als die klassischen Messer, denn sie schneiden weniger glatt, können nicht selbst nachgeschliffen werden und zerbrechen, wenn sie herunterfallen oder man beim Schneiden zu stark aufdrückt.

Meiden Sie Schneidbretter aus Kunststoff, sie geben Mikropartikel an die Lebensmittel ab und sind nicht sehr hygienisch. Die preiswertesten Holzbretter sind häufig aus Bambus. Sie verlangen etwas mehr Aufmerksamkeit als Massivholzbretter (Pflege: direkt nach Gebrauch reinigen und trocknen).

➤ Stabmixer
Günstigster Preis: 10 €/Markenprodukte 20–25 €

Der absolut unverzichtbare Mixer. Damit lassen sich Suppen, Smoothies, Cremes, Soßen, Käse und Pürees pürieren. Der Allzweckmixer ist sehr preiswert und findet in einer Schublade Platz.

➤ Messbecher
Günstigster Preis: 1 €

Zum Abmessen von Flüssigkeiten unverzichtbar. Wählen Sie einen, mit dem sich auch Milliliter abmessen lassen und dessen Skala bei 50 ml beginnt.

➤ Küchenwaage
Günstigster Preis: 6,50 €

Eine kleine elektronische Waage ist für Gebäck unverzichtbar, wird aber auch für die Mehrzahl anderer Rezepte benötigt, die auf Blogs und in Kochbüchern zu finden sind.

➤ Messlöffel
Günstigster Preis (Kunststoff): 3 €
Edelstahllöffel: 8–12 €

Ein solcher Satz Messlöffel – mit 1 Esslöffel (EL) = 15 ml, ½ Esslöffel, 1 Teelöffel (TL) = 5 ml, ½ TL, ¼ TL und ⅛ TL – wird bei der Grundausstattung an Kochutensilien selten genannt, gehört in meiner Küche jedoch zu den unverzichtbaren Hilfsmitteln. Damit können Öl und weitere Flüssigkeiten, Salz, Gewürze, Backpulver, Sojasoße und ganz allgemein Würzmittel abgemessen werden. Löffel des Tafelbestecks sind nicht genormt und daher für das Abmessen beim Kochen nicht zuverlässig.

Kochen

➤ 2–3 Edelstahltöpfe
Durchschnittlicher Preis: 30–40 €

Die preisgünstigsten Töpfe sind in der Regel Aluminiumtöpfe mit einer Antihaftbeschichtung. Eine solche Beschichtung ist nicht nur überflüssig, sondern mit zahlreichen Utensilien auch nicht kompatibel (Schneebesen aus Edelstahl, Esslöffel) und führt dazu, dass diese Töpfe ersetzt werden müssen, sobald sie verkratzt sind – in jedem Fall jedoch nach wenigen Jahren. Edelstahltöpfe sind zwar teurer in der Anschaffung, aber praktisch unverwüstlich. Mittel- und langfristig sind sie daher eine bessere Investition.

➤ 1 kleine + 1 mittlere oder große Pfanne
Günstigste Pfannen mit Antihaftbeschichtung: 20–25 €
Markenpfannen mit Antihaftbeschichtung: 50 €
Günstigste Pfannen aus gesundheitsfreundlichen Materialien: 60–70 €

Pfannen aus Eisen, Edelstahl, Gusseisen, Email oder Stahl werden zum Kochen empfohlen, ihre Pflege und vor allem ihr Preis können jedoch abschrecken. Pfannen mit Antihaftbeschichtung sind zwar in gewisser Weise interessant (weniger Fettverbrauch, leichteres Braten), sie sind jedoch mit einem nicht zu vernachlässigenden Gesundheitsrisiko verbunden, denn ihre Beschichtung enthält Substanzen, die potenziell krebserregend und hormonaktiv (endokrine Disruptoren) sind. Sie müssen unbedingt ausgetauscht werden, wenn sie zerkratzt oder abgenutzt sind, denn die Bestandteile der Beschichtung können in die Nahrungsmittel übergehen. Ihr Kaufpreis ist niedriger, langfristig sind die Kosten jedoch höher.

➤ Klappbarer Dämpfeinsatz aus Edelstahl
Durchschnittlicher Preis: 10 €

Wenn Sie nicht sehr regelmäßig und in größeren Mengen Lebensmittel dämpfen, ist die Anschaffung eines Dampfkochtopfs (elektrisch oder aus Edelstahl) nicht unbedingt erforderlich, da man ihn irgendwo unterbringen muss, wenn er nicht genutzt wird (also 99,99 % der Zeit). Klappbare Dämpfeinsätze, die sich allen Topfgrößen anpassen, sind preiswert, nehmen wenig Platz weg und man kann mit der durchschnittlichen Größe damit eine ausreichende Menge für 2 Personen dämpfen.

DIY: Was sich wirklich lohnt

Selbstgemachtes erfordert zwar etwas mehr Zeit und man benötigt gewisse Utensilien, aber man kann dadurch auch Geld sparen. Sojamilch selbst zu machen ist nicht schwierig, dauert aber einen halben Tag. Hafermilch hingegen ist innerhalb weniger Minuten fertig. Nachfolgend 5 Grundrezepte, die preiswerter als Fertigprodukte sind und wenig Zeit beanspruchen.

Hafermilch

Für ca. 1 l: 1 l Wasser • 100 g Haferflocken • 1 EL neutrales Öl • 1 große Prise Salz • 1–2 EL Agavensirup (beliebig)

Die Haferflocken in einem feinmaschigen Sieb unter kaltem Wasser spülen und gründlich abtropfen lassen.

In die Schüssel eines Standmixers oder in einen großen Krug geben (in diesem Fall einen Stabmixer verwe‚nden). Wasser, Öl und Salz dazugeben. Wenn Sie eine süßere Milch bevorzugen, können Sie etwas Agavensirup dazugeben. 2–3 Minuten gründlich mixen, bis eine homogene Konsistenz erreicht ist.

Auf eine Flasche mit 1 l Fassungsvermögen einen Trichter und einen Pflanzenmilchbeutel, ein großes Passiertuch oder einen zuvor gewaschenen Nylonstrumpf setzen. Nach und nach die Hafermilch in den Pflanzenmilchbeutel gießen und mit den Händen ausdrücken, um die Milch zu extrahieren. Die Hafermilch in der verschlossenen Flasche kühl aufbewahren und innerhalb von 72 Stunden aufbrauchen.

Sojajoghurt

Für ca. 8 Joghurts: 1 fertig gekaufter Sojajoghurt • 1 l Sojamilch natur • 1 Joghurtbereiter (günstigster Preis: 25 €)

Den Joghurt in eine Karaffe oder einen Messbecher geben. Etwas Sojamilch hinzufügen und mit dem Schneebesen verschlagen. Die restliche Milch nach und nach einarbeiten und kurz mit einem Spatel zu einer homogenen Masse mischen (aber ohne Schaumbildung).

Die Mischung auf 8 Joghurtgläser verteilen und für 8–10 Stunden in den Joghurtbereiter stellen. Diesen Arbeitsgang am besten abends erledigen und den Joghurtbereiter über Nacht einschalten.

Sobald die Joghurts gut gestockt sind, die Gläser verschließen, in den Kühlschrank stellen und die Joghurts im Lauf der Woche essen.

Sie können einen Joghurt dieser Charge dafür verwenden, mit 1 l Sojamilch eine neue Ladung herzustellen. Dies geht auch noch ein zweites Mal. Anschließend muss wieder ein gekaufter Joghurt verwendet werden, da sich die Gärstoffe aufbrauchen.

Mürbeteig

Für 1 Tarte (Ø 30 cm): 250 g Weizenmehl (Type 550) • ¼ TL Salz • 4 EL neutrales oder Olivenöl • 4 EL Wasser (ungefähr, je nach Teig auch mehr oder weniger)

Das Mehl in einer Schüssel mit Salz und Öl mischen. Nach Bedarf allmählich das Wasser dazugeben. Den Teig rasch verarbeiten (nicht kneten), damit er geschmeidig und homogen wird.

Zu einer Kugel formen und mit Frischhaltefolie abdecken. Mindestens 2 Stunden kalt stellen. Mürbeteig kann roh oder gebacken eingefroren werden.

Tomatensoße

Für 4 Personen: 1 Zwiebel • 2 Knoblauchzehen • 2 EL Olivenöl • 2 Dosen stückige Tomaten (à 400 g) • Salz, Pfeffer • 1 EL gehackte Petersilie oder Basilikum (frisch oder TK; alternativ: 1 große Prise getrockneter Oregano oder Thymian)

Zwiebel und Knoblauch schälen. Die Zwiebel in dünne Scheiben schneiden, den Knoblauch entweder auch in dünne Scheiben schneiden oder später durch die Knoblauchpresse drücken.

In einem mittelgroßen Topf das Olivenöl bei mittlerer bis starker Hitze erhitzen. Die Zwiebelscheiben darin einige Minuten anschwitzen. Wenn sie goldgelb werden, den Knoblauch dazugeben und mischen. Sobald der Knoblauch gerade goldgelb wird, die Tomaten dazugeben. Salzen und pfeffern, zugedeckt bei mittlerer Hitze 5 Minuten kochen lassen.

Den Deckel abnehmen und 5–10 Minuten weiterkochen, bis die Soße reduziert und nach Ihrem Geschmack ist. Die gewünschten Kräuter dazugeben und falls nötig nachsalzen. In einem Schraubglas 5 Tage haltbar. Die Soße kann auch eingefroren werden.

Vegane Mayonnaise

Für 1 Glas: 200 ml Sojasahne • 1,5 EL Dijonsenf • 200 ml neutrales Öl • Salz

Die Sojasahne in die Schüssel eines kleinen Standmixers gießen. Den Senf dazugeben und gründlich mixen. Nach und nach unter weiterem Mixen das Öl zugießen, um eine gute Emulsion der Mayonnaise zu erzielen. Nach Geschmack salzen.

In ein Glasgefäß füllen und kühl aufbewahren. Innerhalb von 5 Tagen aufbrauchen.

Reste geschickt verwerten

Während die Reste bestimmter Gerichte eine zusätzliche Mahlzeit ergeben, gilt dies für Nudel- oder Reisreste nicht unbedingt. Nachfolgend 5 Rezepte, um diese lecker zu verarbeiten und zu verfeinern.

Aus einem Reisrest:
Reiskroketten mit Gemüse und Curry

Für 12 Kroketten (3–4 Personen): ½ Zucchini • ½ Paprikaschote • 1 schöne Knoblauchzehe • 1 EL beliebiges Öl • 1 TL Curry 300 g gekochter Reis (1 kleine Schüssel) • Salz, Pfeffer • 3 EL Weizenmehl • 1–2 EL beliebiges Öl

Zucchini und Paprikaschote klein schneiden. Knoblauch schälen und in dünne Scheiben schneiden oder durch die Knoblauchpresse drücken. In einer kleinen Pfanne das Öl erhitzen. Curry und Knoblauch dazugeben. 30 Sekunden unter Rühren anbraten und das Gemüse dazugeben. Alles gut mischen und gut 5 Minuten bei mittlerer bis starker Hitze braten, bis das Gemüse gar und leicht gebräunt ist. Den gekochten Reis zugeben und gut untermengen, sodass er vom Curry gefärbt wird. Nach Geschmack salzen und pfeffern.

Diese Mischung in eine Schüssel umfüllen, 2 EL Mehl dazugeben und alles gut vermengen. Die Mischung soll beginnen, zusammenzukleben. Falls nötig, noch das restliche Mehl einarbeiten. Etwa ein Dutzend gleich große Kroketten formen, hierzu die Mischung mit der Hand zusammendrücken. In einer großen Pfanne das Öl erhitzen und die Kroketten bei mittlerer bis starker Hitze von allen Seiten einige Minuten braten, bis sie goldbraun sind. Warm oder kalt genießen. In einem dicht schließenden Behälter kühl aufbewahren.

Aus einem Nudelrest:
Schnelles Nudel-Käse-Gratin

Für 2 Personen: 300 g gekochte Nudeln • (1 große Schüssel)
Für die »Käse«-Soße: 225 g Kürbis (z. B. Hokkaido, Butternut, Riesenkürbis) • 1 Zwiebel • 250 ml Pflanzenmilch • 2 EL Öl • 2 EL Mehl • 1 ½ TL Salz • 2 TL Apfelessig • 1 Knoblauchzehe (gepresst) • 1 EL Malzhefe oder Bierhefe + etwas mehr zum Überbacken

Kürbis und Zwiebel schälen und in Würfel schneiden. Beide Gemüse in einem mittelgroßen Topf in Wasser weich kochen. Abtropfen lassen und wieder in den Topf geben (Herd ausgeschaltet). Milch, Öl und Mehl untermischen, bis eine glatte Konsistenz erreicht ist. Salz, Essig, Knoblauch und Hefe zugeben. Mindestens 1 Minute mischen, damit sich alle Zutaten gut miteinander verbinden.

In einer mittelgroßen ofenfesten Form die Nudeln mit der Soße mischen. Mit Malz- oder Bierhefe bestreuen und bei 170 °C 15–20 Minuten überbacken.

Aus einem Suppenrest:
Gemüsepolenta

Für 2 Personen: 300 ml Gemüsesuppe • 300 ml Wasser • 100 g Instant-Polenta • Salz, Pfeffer

In einem Topf Suppe und Wasser mischen und stark erhitzen. Die Polenta einstreuen und mit einem Holzlöffel ständig rühren. Wenn die Polenta schön eingedickt ist und ein Püree bildet, den Topf vom Herd nehmen. Nach Geschmack würzen.

Die Gemüsepolenta kann direkt gegessen werden oder man lässt sie abkühlen, wobei sie fest wird. Sie kann dann in Würfel oder Streifen geschnitten und in der Pfanne gebraten oder, mit Olivenöl eingepinselt, im Backofen goldbraun gebacken werden.

Aus einem Gemüserest:
Gemüsequiche

Für 4 Personen: 1 Mürbeteig
Für die Quiche-Masse: 100 g fester Tofu • 200 g Sojasahne •
1 EL neutrales Öl oder Olivenöl • 2 EL Maisstärke • 2 TL Kräuter der Provence •
2 TL Dijonsenf • 1 Prise Kurkuma für die Farbe • Salz, Pfeffer
1 Schale gekochtes Gemüse

In der Schüssel des Stabmixers den Tofu zerkrümeln, die Sojasahne und alle anderen Zutaten für die Quiche-Masse dazugeben und zu einer glatten Masse pürieren. Das gekochte Gemüse dazugeben und mit einer Gabel oder einem Spatel untermischen. Nach Geschmack würzen.

Den Mürbeteig auf Backpapier in einer Tarteform auslegen. Den Teig mit einer Gabel mehrmals einstechen und die Quiche-Masse einfüllen. In den Backofen schieben und bei 150–160 °C etwa 30 Minuten backen. Die Quiche soll goldbraun sein.

Aus einem Getreiderest:
Getreidebratlinge mit Zwiebeln und Pilzen

Für 2 große Hacksteaks oder 4 mittelgroße Bratlinge (2–4 Personen):
1 mittelgroße Zwiebel • 100 g beliebige Pilze • 2 EL Olivenöl • 2 Knoblauchzehen • 1 EL gehackte Petersilie (frisch oder TK) • 1 Schale gekochtes Getreide • Salz, Pfeffer • 100 g Semmelbrösel •
1 EL beliebiges Öl zum Braten

Die Zwiebel schälen und hacken. Die Pilze putzen und in dünne Scheiben schneiden. In einer mittelgroßen Pfanne das Olivenöl stark erhitzen und die Zwiebel und die Pilze einige Minuten darin anbraten. Wenn sie Farbe annehmen, den Knoblauch durch die Knoblauchpresse in die Pfanne drücken und die Petersilie dazugeben. Den gekochten Getreiderest hinzufügen und alles gut vermischen. Nach Geschmack würzen.

In eine große Schüssel füllen und die Semmelbrösel dazugeben. Gut mischen und mit der Hand zu einem leicht klebrigen Teig verkneten.

2 große Bratlinge (Größe eines Hacksteaks) oder 4 mittelgroße Bratlinge formen. Restliches Öl in dieselbe Pfanne geben und von jeder Seite ein paar Minuten bei mittlerer bis starker Hitze braten. Warm oder kalt genießen. Kühl aufbewahren und innerhalb von 3 Tagen verbrauchen.

Frühstück und Brunch

Pancakes

Man braucht keine komplizierten Zutaten, damit Pancakes lecker schmecken, nur ein gutes Rezept! Perfekt für einen Brunch am Wochenende, der sich genussvoll hinzieht oder für einen Morgen, an dem man sich Zeit lassen möchte.

max. 1 € — max. 30 min

Für 8–10 Pancakes:

250 g Weizenmehl
1 Päckchen Backpulver
1 Prise Salz
3 EL heller Rohrzucker
1 Päckchen Vanillezucker
300 ml beliebige Pflanzenmilch
4 EL neutrales Öl + etwas mehr zum Backen

In einer Schüssel das Mehl mit Backpulver, Salz und Rohrzucker und Vanillezucker mischen. Milch und Öl dazugeben und mit einem Schneebesen den Teig zu einer homogenen Masse ohne Klümpchen mischen.

Eine Crêpe-Pfanne mit Öl einpinseln und bei mittlerer bis starker Hitze erhitzen. ½ Schöpfkelle Teig in die Mitte geben.

Wenn die Ränder des Pancakes auf der Oberfläche trocken zu werden beginnen, diesen wenden. Falls die Unterseite zu braun ist, die Wärmezufuhr reduzieren. 10–20 Sekunden von der anderen Seite goldbraun backen. Die weiteren Pancakes genauso zubereiten.

Info

Im Kühlschrank halten sich die eingepackten Pancakes 2–3 Tage. Sie können im Toaster auf niedriger Stufe erwärmt werden.

Spar-Tipp

Ahornsirup, der häufig zu Pancakes gereicht wird, ist recht teuer. Ersatzweise können Sie einen Sirup selbst herstellen. Hierzu mischen Sie 1 Päckchen Vanillezucker, 100 g Kristallzucker und 80 ml Wasser in einem kleinen Topf und lassen die Mischung kochen, bis sie die Konsistenz eines nur leicht dicken Sirups erreicht hat. Beim Abkühlen dickt er noch etwas weiter ein.

Bananenbrot

Das Bananenbrot eignet sich hervorragend, um zu reif gewordene Bananen zu verwerten und Bananenfans zu begeistern. Diese leichte, vegane Version ist ein perfektes Frühstück.

Für 1 Kuchen (10–12 Stücke):

3 sehr reife Bananen
4 EL neutrales Öl
100 g beliebiger Zucker
8 EL beliebige Pflanzenmilch
¼ TL gemahlener Zimt
1 Päckchen Backpulver
275 g Weizenmehl
¼ TL Salz

Zum Dekorieren:

1 Banane
1 EL heller Rohrzucker

Die Bananen schälen und klein schneiden. Die Bananenstücke in eine Schüssel geben und das Öl zugießen. Mit einer Gabel zu einer möglichst glatten Mischung zerdrücken (einige Klümpchen können bleiben).

Den Zucker dazugeben und mit einem Schneebesen schaumig schlagen. Die Pflanzenmilch zugießen und mit dem Schneebesen weiterschlagen. Alle trockenen Zutaten in einer Schüssel mischen und nach und nach mit dem Schneebesen unter die feuchte Mischung schlagen. Eine Kastenform mit Backpapier auslegen oder mit Öl auspinseln, wie es Ihnen lieber ist. Den Teig in die Form gießen.

Zum Dekorieren: Die Banane der Länge nach halbieren und die beiden Hälften längs auf den Kuchen legen. Die Oberseite des Kuchens mit dem Zucker bestreuen.

Die Form bei 180 °C ca. 30 Minuten backen. Ob das Bananenbrot gar ist, prüfen Sie, indem Sie ein spitzes Messer vorsichtig in der Mitte einstechen. Wenn es beim Herausziehen sauber ist, ist der Kuchen gar. Sonst die Backzeit immer um jeweils 5 Minuten verlängern.

Wenn es das Budget zulässt

1 Handvoll grob gehackte Walnüsse und/oder dunkle Schokotropfen unter den Teig mischen – beides passt sehr gut zur Banane und macht den Kuchen noch leckerer.

Hausgemachtes Müsli

Bei uns ist dieses knusprige, schmackhafte und nahrhafte Müsli ein fester Bestandteil des Frühstücks. Die gute Nachricht: Hausgemachtes Müsli ist nicht teuer und in nur 15 Minuten fertig.

Für 1 Glasgefäß mit 1 l Fassungsvermögen:

250 g Haferflocken
75 g Sonnenblumenkerne
75 g Rosinen
50 g grob gehackte Mandeln

Für den Sirup:

4 EL heller Rohrzucker (oder ein anderer Zucker)
2 EL Wasser
½ TL gemahlener Zimt
2 EL neutrales Öl

In einer Schüssel die Haferflocken mit den Sonnenblumenkernen und den Rosinen mischen. Die Mandeln dazugeben.

In einem kleinen Topf die Zutaten für den Sirup mischen und stark erhitzen. Sobald sich der Zucker aufgelöst hat, den Topf vom Herd nehmen. Den Sirup in die Schüssel zu den Haferflocken gießen und alles mit einem Löffel mischen.

Ein Backblech oder eine große ofenfeste Form mit Backpapier auslegen und die Haferflockenmischung in einer Lage darauf verstreichen. Leicht festdrücken.

Im Backofen bei 170 °C etwa 10 Minuten backen. Das Müsli soll hart und goldbraun werden. Vollständig erkalten lassen. Das Müsli in Stücke brechen und in einem dicht schließenden Glasgefäß aufbewahren.

Je nachdem, was Sie im Vorratsschrank haben

Sie können die Rosinen und Mandeln durch andere Trockenfrüchte und Ölfrüchte ersetzen oder ergänzen. Geeignete Geschmackskombinationen: Walnüsse und Cranberrys, Kürbiskerne und klein geschnittene getrocknete Aprikosen, Haselnüsse und getrocknete Feigenstücke.

Arme Ritter mit Zimt

Herkömmlicherweise bereitet man Arme Ritter zu, um altbackenes Brot zu verwerten. Wenn es Ihnen jedoch geht wie mir, dass das Brot gar nicht dazu kommt, altbacken zu werden, können Sie diese Zimtschnitten auch mit frischem Brot zubereiten – dann sind sie noch schneller fertig.

Für 2–4 Personen:

3 EL beliebiger Zucker + etwas mehr zum Karamellisieren
¼ TL gemahlener Zimt
3 EL Weizenmehl (Type 550)
250 ml beliebige Pflanzenmilch
4 dicke Scheiben Brot
1 EL neutrales Öl

In einer Schüssel Zucker, Zimt und Mehl mischen. Die Pflanzenmilch zugießen und alles gründlich vermengen. Die Brotscheiben in die Schüssel tauchen, etwas durchtränken lassen und wenden. Bei frischem Brot geht das schneller, daher gut aufpassen, denn ein zu vollgesogenes Brot kann zerfallen.

In einer mittelgroßen Pfanne (die 4 Scheiben müssen darin Platz finden) das Öl bei mittlerer bis starker Hitze erhitzen. Die Brotscheiben darin von einer Seite goldbraun backen, dann wenden. Wenn die zweite Seite beginnt, goldbraun zu werden, diese mit etwas Zucker bestreuen und erneut wenden, um die Seite leicht karamellisieren zu lassen. Sie können auch etwas Zimt zu dem Zucker geben. Sofort servieren.

Varianten

Für köstlich schokoladige Arme Ritter 1 oder 2 EL Kakaopulver in die Milch geben. Der Zimt kann auch durch ½ TL Orangenblütenwasser ersetzt werden. Zu jeder Variante können Orangenzesten gegeben werden, dann wird eine besondere Schlemmerei daraus.

Baked Oatmeal mit Karotte

Genug von Haferbrei? Dann testen Sie diesen Karotten-Porridge aus dem Ofen. Einfach, schnell und nahrhaft, ganz zu schweigen von seinem wohltuenden Duft, perfekt für jeden Wintermorgen.

Für 4–6 Personen:

100 g Haferflocken
1 große Karotte
3 EL neutrales Öl + etwas mehr zum Backen
3 EL beliebiger Zucker (nach Geschmack etwas mehr)
200 ml Pflanzenmilch
4 EL Mehl
½ TL Backpulver
½ TL gemahlener Zimt

Die Karotte schälen und mit einer kleinen Handreibe (oder in der Küchenmaschine, falls vorhanden) raspeln.

In einer kleinen Schüssel die Haferflocken mit der geraspelten Karotte mischen. Öl und Zucker zugeben und mit einer Gabel vermischen. Unter ständigem Rühren die Pflanzenmilch zugießen.

Das Mehl in einer Schüssel mit Backpulver und Zimt mischen und zu der flüssigen Mischung geben. Gut vermengen. Eine kleine ofenfeste Form mit Öl auspinseln und die Mischung in die Form geben. Mit dem Rücken eines Esslöffels zusammendrücken.

Im Backofen bei 170 °C 25 Minuten backen. Vor dem Verzehr etwas abkühlen lassen. Schmeckt auch kalt gut.

Wenn das Budget es zulässt

Noch köstlicher und proteinhaltiger wird das Oatmeal mit 1 EL Sojajoghurt natur oder pflanzlichem Frischkäse. Sie können vor dem Backen auch 1 Handvoll grob gehackte Walnüsse zu der Mischung geben oder 1 EL Chiasamen für eine Extraportion Omega-3.

Bananen-Hafershake

Proteine, Kohlenhydrate, Ballaststoffe und Obst – alles was nötig ist, um gut in den Tag zu starten, vereint in einem Glas. Dieser cremige Shake hilft auch gegen den kleinen Hunger am Vormittag und lässt sich – in einer To-go-Flasche – gut zum Sport mitnehmen.

Für 500 ml (2 Gläser):

1 Banane
6 EL Haferflocken
300 ml Wasser
1 Sojajoghurt natur
2 EL heller Rohrzucker (oder weniger, je nach Geschmack)

Die Banane schälen und klein schneiden. In die Schüssel eines Stand- oder Stabmixers geben. Haferflocken und Wasser dazugeben und mixen. Joghurt und 1 EL Zucker hinzufügen.

Mixen und abschmecken, wer es etwas süßer mag, gibt noch den restlichen Zucker dazu.

Info

Wenn Sie den Shake nicht sofort trinken wollen, bewahren Sie ihn verschlossen in einer Flasche oder einem anderen Glasgefäß kühl auf. Innerhalb eines halben Tages verzehren, da die gemixte Banane rasch oxidiert.

Wenn das Budget es zulässt

Geben Sie 1 Handvoll Heidelbeeren oder eine andere rote Frucht dazu. Das sorgt für einen säuerlichen Geschmack und eine ordentliche Dosis Antioxidantien. 1 Prise Zimt verleiht dem Ganzen eine Feinschmeckernote. Zimt harmoniert sehr gut mit Banane und roten Früchten.

Frischkäse und Karotten mit geräuchertem Paprika auf Toast

Sie lieben es morgens eher herzhaft oder suchen nach einem leckeren Brunch-Rezept? Dies ist die vegane Variante eines Frischkäse-Lachs-Toasts, die auch gut zum Tee oder Aperitif schmeckt.

Für 4 Personen:
getoastete Brotscheiben
¼ Salatgurke

Für den Frischkäse:
4 Sojajoghurts natur (400 g)
1 TL neutrales Öl
½ TL Salz

Für die Karotten mit geräuchertem Paprika:
2 Karotten
2 EL Zitronensaft
¼ TL geräuchertes Paprikapulver
½ TL Salz
¼ TL getrockneter Dill
Pfeffer nach Geschmack

Für den Frischkäse die Sojajoghurts in ein feinmaschiges Sieb geben, das mit einem Seihtuch (oder einem Stück Gaze oder Stoff) ausgelegt ist und über einer großen Schüssel hängt. Den Stoff über den Joghurts schließen. Als Gewicht eine Schüssel oder Schale daraufstellen. Das Ganze in den Kühlschrank stellen und mindestens 4 Stunden abtropfen lassen. Den abgetropften Joghurt mit einem Löffel aus dem Seihtuch in eine Schüssel geben. Salz und Öl dazugeben und mischen. 30 Minuten kalt stellen.

Die Karotten schälen und mit einem Schälmesser oder Sparschäler in Streifen schneiden. Die Streifen in einen Dämpfkorb legen und im Dampf weich garen. Abkühlen lassen. In einer großen Schale den Zitronensaft, das geräucherte Paprikapulver, Salz, Dill und Pfeffer mischen. Die Karotten dazugeben und vorsichtig untermischen. Mindestens 1 Stunde kalt gestellt marinieren lassen.

Zum Servieren etwas Frischkäse auf den getoasteten Brotscheiben verstreichen. Karottenstreifen mit Paprika und einige dünne Gurkenscheiben (die erst direkt vor dem Servieren geschnitten werden) darauf verteilen.

Breakfast Trifle

Man könnte annehmen, dieses Rezept sei vor allem wegen der Optik interessant, aber das ist nicht richtig. Die abwechselnden Schichten aus Müsli, Fruchtmus und säuerlichem Joghurt ergeben ein wunderbares Geschmackserlebnis. Dieses in 2 Minuten fertiggestellte Frühstück ist so hübsch wie ausgewogen.

Für 4 Personen:

4 Pflanzenjoghurts
dieselbe Menge Apfelmus ohne Zuckerzusatz
gemahlener Zimt (nach Belieben)
frische Früchte der Saison (klein geschnitten)

Für das Müsli:

100 g Haferflocken
1 Handvoll Rosinen
2 EL Sonnenblumenkerne
15 g grob gehackte Mandeln

Die Müslizutaten in einer großen Schale mischen und in ein Glasgefäß füllen, in dem das Müsli aufbewahrt werden kann.

Nach Belieben 1 Prise gemahlenen Zimt unter das Apfelmus mischen, so erhält es eine zusätzliche leckere Note.

In ein Glas (oder eine kleine Schale) eine etwa 1 cm hohe Schicht Müsli füllen. Eine Schicht Apfelmus und danach eine Schicht Pflanzenjoghurt darübergeben. Den Vorgang wiederholen.

Zum Schluss mit einigen frischen Fruchtstückchen der Saison belegen, vorzugsweise aus lokalem Anbau, sie sind preiswerter und vitaminreicher.

Tipp

Ich kaufe das Apfelmus in einem großen Glas. In dieser Größe ist es preiswerter und wenn es leer ist, bewahre ich darin Sonnenblumenkerne oder Haferflocken auf.

Gebackene Bohnen mit Kartoffelrösti

Mit diesen beiden herzhaften Rezepten begeben wir uns auf die andere Seite des Ärmelkanals. Damit können Sie ein *English Breakfast* zubereiten, das diesen Namen verdient, oder einen Brunch mit britischem Einschlag.

Für 2–4 Personen:

Für das Kartoffelrösti:

500 g festkochende Kartoffeln
1 ½ EL neutrales Öl
Salz, Pfeffer

Für die gebackenen Bohnen:

1 kleine Zwiebel
1 Knoblauchzehe
1 EL Olivenöl
¼ TL geräuchertes Paprikapulver
250 g gekochte weiße Bohnen (oder eine kleine Dose)
2 EL Zucker (nach Belieben)
8 EL Tomatenpüree
1 EL Sojasoße
½ TL Apfelessig

Für das Rösti die Kartoffeln schälen und mit einer groben Reibe raspeln. In ein feinmaschiges Sieb geben, gründlich spülen und in einem sauberen Geschirrtuch ausdrücken, um das Wasser aufzunehmen.

In einer Pfanne bei starker Hitze das Öl erhitzen, die Kartoffeln dazugeben und unter regelmäßigem Rühren braten, bis sie gut gebräunt sind. Nach Geschmack salzen und pfeffern.

Für die Bohnen die Zwiebel und den Knoblauch schälen und fein hacken. In einer mittelgroßen Pfanne das Olivenöl bei mittlerer bis starker Hitze erhitzen und die Zwiebeln darin ein paar Minuten mit geräuchertem Paprikapulver anbraten.

Die Bohnen gründlich spülen und abtropfen lassen. Mit Zucker und Knoblauch zu den Zwiebeln geben und noch ein paar Minuten braten. Schließlich Tomatenpüree, Sojasoße und Essig dazugeben und bei mittlerer bis milder Hitze gut 5 Minuten köcheln lassen.

Wenn das Budget es zulässt

Zu diesen beiden Rezepten passen pflanzliche Würstchen — ob hausgemacht oder fertig gekauft.

Müsliriegel zum Mitnehmen

Keine Zeit oder zu wenig Hunger, um morgens zu frühstücken? Kein Problem! Diese knusprigen Müsliriegel sind das perfekte Frühstück zum Mitnehmen. Frisches Obst sorgt für eine zusätzliche Dosis Vitamine.

Für 8–10 Riegel:

200 g Haferflocken
4 EL neutrales Öl
1 Päckchen Vanillezucker
2 EL heller Rohrzucker
(oder nach Geschmack mehr)
2 Handvoll Sonnenblumenkerne
3 EL Schokotropfen
1 Handvoll grob gehackte Mandeln
5 EL Wasser
5 EL Weizenmehl

In einer Schüssel die Zutaten nacheinander alle mischen, dabei eine neue Zutat erst dazugeben, wenn die vorherigen gut miteinander vermengt sind. 5–10 Minuten ruhen lassen.

Eine quadratische, etwa 20 x 20 cm große ofenfeste Form mit Backpapier auslegen und die Mischung daraufgeben. Mit einem Esslöffel die Masse gut zusammendrücken und die Oberfläche glatt streichen.

Bei 160 °C 30 Minuten im Backofen backen.

Aus dem Ofen nehmen und vollständig erkalten lassen. Aus der Form nehmen und auf ein Schneidbrett legen. In der Mitte halbieren, dann jede Hälfte zu 4 oder 5 Riegeln schneiden. Die Riegel in einer fest verschlossenen Dose oder einem großen Glasgefäß aufbewahren.

Varianten

Die Schokotropfen durch Rosinen oder andere kleine Trockenfrüchte ersetzen.
Die Mandeln durch andere Ölfrüchte ersetzen: beispielsweise Walnüsse, Haselnüsse oder Cashewkerne.
Einen Teil der Haferflocken durch andere Flocken ersetzen oder eine Mischung aus 5 Getreideflocken verwenden.

Sodabrot mit Rosinen

Sodabrot stammt ursprünglich aus Irland und wird – anstelle von Backpulver – mit Natron (englisch: *baking soda*) zubereitet. Der Teig muss nicht vorher gehen, daher spart man wertvolle Zeit, wenn man schnell ein Brot braucht, beispielsweise für das Frühstück am nächsten Tag.

Für 1 mittelgroßes Brot:

400 ml Sojamilch
2 EL Apfelessig
500 g Mehl (Type 550)
1 TL Salz
1 TL Backnatron
1 EL Zucker
1–2 Handvoll Rosinen

Die Sojamilch in einen Messbecher gießen. Den Apfelessig dazugeben. 10 Minuten ruhen lassen. Der Essig lässt die Milch gerinnen. Seine Säure reagiert mit dem Natron und lässt das Brot beim Backen aufgehen.

In einer Schüssel das Mehl mit Salz, Natron und Zucker mischen und nach und nach die Milch dazugeben. Alles gut vermengen und die Rosinen hinzufügen. Erneut mischen. Den Teig in die Mitte eines mit Backpapier ausgelegten Backblechs geben und zu einer Kugel formen.

Im Backofen bei 210 °C 40–50 Minuten backen.

Vor dem Verzehr abkühlen oder erkalten lassen. Nur jeweils abschneiden, was sofort verbraucht wird, da dieses Brot recht schnell trocken wird.

Overnight-Porridge

Dieses Rezept ist bei Fans der gesunden Küche bekannt, die morgens keine Zeit haben. Es ist ein Porridge »für den Tag danach«, das über Nacht im Kühlschrank von selbst fertig wird. Damit werden morgens 5–10 Minuten gespart. Ein weiterer Pluspunkt: Es gibt unendlich viele Möglichkeiten, dieses Frühstück dem persönlichen Geschmack anzupassen.

Für 2 Schalen:

150 g Haferflocken
1 Päckchen Vanillezucker
1 ½ EL beliebiger Zucker
450 ml Sojamilch oder eine beliebige andere Pflanzenmilch
frisches Obst der Saison

In einem Glasgefäß die Haferflocken mit den beiden Zuckersorten und der Pflanzenmilch mischen. Das Gefäß verschließen und gründlich schütteln.

Über Nacht in den Kühlschrank stellen, wo die Flocken quellen.

Morgens eine Hälfte in einer Schale anrichten und mit klein geschnittenem frischem Obst garnieren.

Das Porridge ganz nach Geschmack ergänzen

1 EL Chiasamen untergerührt sorgt für viel Omega-3 und eine noch cremigere Konsistenz.
Gehackte Ölfrüchte dazugeben (z. B. Walnüsse, Haselnüsse oder Mandeln).
1 Messerspitze Zimt oder Kardamom untermischen.
1–2 EL Kakaopulver einrühren.
Andere Getreideflocken verwenden.
Trockenfrüchte unterrühren (wie Rosinen, Cranberrys, Aprikosen, Feigen, Datteln …).

»Rührei« aus weißen Bohnen mit Curry

Für dieses pflanzliche Rührei brauchen Sie nicht einmal Tofu. Es genügen weiße Bohnen, und schon haben Sie ein herzhaftes und proteinreiches Frühstück!

Für 2 Personen:

250 g gekochte weiße Bohnen
3 EL Wasser
1 EL neutrales Öl
Currypulver nach Geschmack
1 rote Paprikaschote (entkernt und in Streifen geschnitten)
1 kleine Zwiebel (geschält und in Streifen geschnitten)
1 Knoblauchzehe (geschält, entkeimt und gepresst)
1 Handvoll gehackter frischer Spinat (oder Babyspinat)
Salz, Pfeffer

Die Bohnen gründlich spülen. Mit dem Wasser in einem tiefen Teller mischen und mit einer Gabel zu einer Paste zerdrücken.

In einer mittelgroßen Pfanne das Öl stark erhitzen. Einige Prisen Currypulver hineinstreuen. Paprika- und Zwiebelstreifen dazugeben und ein paar Minuten anbräunen. Die Bohnen und den Knoblauch dazugeben. Alles gut mischen und ein paar Minuten braten.

Den frischen Spinat unterrühren und nach Geschmack würzen. Sofort servieren. Dazu passen sehr gut Toast, Salzkartoffeln und pflanzlicher Käse.

Wenn das Budget es zulässt

Die Bohnen durch 400 g Seidentofu ersetzen.
Kala Namak verwenden, ein indisches Schwarzsalz mit dem Geschmack von Ei, das in veganen Läden erhältlich ist.

Apfelbutter

Fruchtbutter? Aber ja! Dieses Rezept aus Quebec ist ein wahres Wunderwerk. Üblicherweise wird es mit Butter zubereitet, lässt sich jedoch mit Öl (dieses liefert Cremigkeit und Fett) und Pflanzenjoghurt (für einen leicht »milchigen« Geschmack) problemlos zu einer veganen Version umfunktionieren.

Für 1 Glas Konfitüre:

3 Äpfel
Wasser, um den Topfboden zu bedecken
3 EL Zucker
½ Päckchen Vanillezucker
3 EL neutrales Öl
2 EL Pflanzenjoghurt natur

Die Äpfel schälen und das Kerngehäuse entfernen. Äpfel klein schneiden.

Die Apfelstücke in einen kleinen Topf geben, dessen Boden mit Wasser bedeckt ist. Zugedeckt bei mittlerer bis starker Hitze kochen, bis die Äpfel weich sind. Die beiden Zuckersorten unterrühren und die Äpfel leicht anbräunen und ganz leicht karamellisieren lassen.

In die Schüssel eines Stabmixers umfüllen. Öl und Joghurt dazugeben. Mit dem Stabmixer zu einer cremigen und glatten Konsistenz mixen.

In ein Konfitürenglas gießen, verschließen und kühl stellen. Mindestens 4–6 Stunden ruhen lassen. Innerhalb von 4 Tagen aufbrauchen.

Varianten

Nach demselben Muster können Sie Birnenbutter und Mangobutter zubereiten oder weitere rohe bzw. gekochte Früchte verarbeiten, die ein Mus ergeben.

Energiekugeln

Energiekugeln, die Stars der gesunden Küche, werden üblicherweise mit Öl- und Trockenfrüchten zubereitet. Hier greifen wir auf Erdnüsse zurück – sie sind lecker, preiswert und vor allem proteinreich. Außerdem kommen für die Textur und wegen ihrer Ballaststoffe milde Rosinen und Haferflocken dazu.

Für 15 Kugeln:

100 g geröstete und gesalzene Erdnüsse
200 g Rosinen
50 g Haferflocken

Alle Zutaten in die Schüssel der Küchenmaschine geben.

In Intervallschaltung mixen, um den Motor der Küchenmaschine nicht zu überfordern. Regelmäßig die Textur prüfen und wenn sie zu trocken ist, um Kugeln formen zu können, weitermixen. Die Teigmasse sollte leicht klebrig sein.

Die Masse in eine große Schale umfüllen und mit der Hand 15 Kugeln formen. Diese in einer dicht verschlossenen Dose im Kühlschrank aufbewahren. 1–2 Kugeln ergeben eine Zwischenmahlzeit.

Varianten

Dieses Grundrezept können Sie auch für die Zubereitung weiterer Kugeln mit anderen Trockenfrüchten und anderen Ölfrüchten verwenden, je nach Budget und/oder Ihren Vorräten. Dabei behalten Sie dieselben Mengenverhältnisse bei: 100 g Ölfrüchte, 200 g Trockenfrüchte, 50 g Getreideflocken.

Snacks und Fingerfood

Hummus mit karamellisierten Zwiebeln

Auch ohne Sesammus lässt sich ein Hummus zubereiten – aus Sesamsamen kann man die Paste selbst machen. Hier werden die klassischen Zutaten durch karamellisierte Zwiebeln verändert, die eine ultraleckere Geschmacksnote mitbringen.

 max. 1 € max. 30 min

Für 1 große Schale (6 Personen):

50 g helle oder geröstete Sesamsamen

1 EL neutrales Öl

3 EL Wasser

300 g Kichererbsen (aus der Dose)

2 große gelbe Zwiebeln

1 EL Olivenöl

Salz, Pfeffer

1 EL Zucker

Saft von 1 Zitrone

Sesamsamen, neutrales Öl, Wasser und 1 Handvoll Kichererbsen in die Schüssel des Stabmixers geben. Zu einer möglichst glatten Paste pürieren.

Die Zwiebeln schälen und in dünne Scheiben schneiden. In einer mittelgroßen Pfanne das Olivenöl bei mittlerer bis starker Hitze erhitzen. Die Zwiebeln dazugeben, salzen und pfeffern und bei mittlerer Hitze karamellisieren lassen (sie dürfen nicht verbrennen). Wenn sie zu bräunen beginnen (10–15 Minuten), den Zucker dazugeben und einige Minuten karamellisieren lassen.

Zwiebeln, restliche Kichererbsen und Zitronensaft mit in die Schüssel des Stabmixers geben und zu einer homogenen Masse pürieren. Falls nötig, esslöffelweise Wasser dazugeben, damit die Masse glatter wird. Nach Geschmack salzen und pfeffern. In einem dicht schließenden Behälter im Kühlschrank aufbewahren und innerhalb von 48 Stunden verzehren.

Tipps

Bereiten Sie etwas mehr karamellisierte Zwiebeln für Schlemmertoasts zu. Etwas gehackte Minze und gehackter Koriander verleihen dem Ganzen eine besonders aromatische Note.

SNACKS UND FINGERFOOD

Empanadas

Empanadas sind gefüllte Teigtaschen, die man in der katalanischen, der okzitanischen und der lateinamerikanischen Küche findet. Diese Version mit Bohnen ist eine echte Köstlichkeit, als Mittagessen zum Mitnehmen oder für zwischendurch.

Für ca. 20 Empanadas:

Für die Füllung:

1 Zwiebel
2 Knoblauchzehen
1 rote Paprikaschote
1 mittelgroße Kartoffel
1 EL Olivenöl
250 g gekochte Bohnen (rote, schwarze oder weiße)
1 TL gemahlener Kreuzkümmel
¾ TL Kräuter der Provence
Pfeffer
1 TL Paprikapulver (bei Bedarf geräuchert)
200 ml Gemüsebrühe
Salz

Für die Empanadas:

2 Mürbeteige (siehe S. 24)

Zum Bestreichen:

2 EL Pflanzenmilch
2 EL Pflanzensirup oder helle Konfitüre
1 TL neutrales Öl

Zwiebel und Knoblauch schälen, Paprikaschote entkernen. Zwiebel und Paprika fein hacken. Die Kartoffel schälen und kleinwürfelig schneiden. In einer mittelgroßen Pfanne das Olivenöl stark erhitzen. Zwiebeln und Paprika mit den Kartoffeln einige Minuten darin anbraten. Bohnen, Kreuzkümmel, Kräuter der Provence, Pfeffer und Paprikapulver dazugeben und alles gründlich vermischen.

1–2 Minuten braten, dann die Brühe zugießen und kochen lassen. Wenn die Brühe verdampft ist, den Knoblauch durch die Knoblauchpresse dazugeben und gut untermischen. Nach Geschmack salzen und in einer Schale beiseitestellen und abkühlen lassen.

Ein Backblech mit Backpapier auslegen. Auf der Arbeitsfläche aus dem ausgerollten Teig Kreise mit ca. Ø 7 cm ausstechen. Je einen Löffel Füllung daraufsetzen und zusammenklappen. Die Ränder fest zusammendrücken und nach oben falten. Die so entstandenen Teigtaschen auf das Backblech setzen.

Die Zutaten zum Bestreichen mischen und die Taschen damit einpinseln. Das Backblech in den Ofen schieben und die Empanadas bei 150 °C 20 Minuten backen. Der Teig soll goldbraun sein.

Warm, lauwarm oder kalt genießen. Die Empanadas können eingefroren und im Ofen wieder aufgewärmt werden.

Raffinierter Tipp

Ein Rest Chili (siehe S. 146) kann als Füllung für die Empanadas verwendet werden!

SNACKS UND FINGERFOOD

Salsa aus Tomaten und Paprika

Keine Lust, Geld für eine Salsa auszugeben, die nach Konserve schmeckt? Das verstehe ich gut! Wenn Sie diese aromatische und angenehm säuerliche Salsa einmal probiert haben, werden Sie nie wieder Fertigsoßen kaufen wollen.

Für 1 große Schale (4–6 Personen):

6 Tomaten
½ Zwiebel (geschält und fein gehackt)
1 grüne Paprikaschote (entkernt und fein gehackt)
Saft von 1 Limette
3 Stängel frischer Koriander
1 TL Salz
Pfeffer

Die Tomaten an der Unterseite (glatter Teil gegenüber dem Stiel) kreuzförmig einschneiden.

In einem Topf Wasser aufkochen und die Tomaten zum Häuten hineintauchen. Sobald die Haut aufplatzt, aus dem Wasser nehmen und unter kaltem Wasser spülen: Die Haut löst sich nun ganz von allein in einem Stück, wenn man die Tomate greift und die Haut nach unten (Richtung Stiel) abzieht.

Die Tomaten hacken und in eine kleine Schüssel geben. Zwiebeln und Paprika zu den Tomaten geben. Den Limettensaft zugießen. Die Korianderblättchen fein schneiden und mit Salz und Pfeffer in die Schüssel geben.

Alles gut mischen. In ein dicht schließendes Behältnis (ein großes Glasgefäß oder beispielsweise mehrere wiederverwertbare kleine Gläser mit Schraubverschluss) füllen und 1 Stunde kalt stellen. Mit Tortillachips servieren.

Tipps

Diese Soße harmoniert gut mit allen mexikanisch beeinflussten Gerichten wie Tacos und Burritos.
Sie passt auch perfekt zu einer Schale Guacamole oder einem Teller Nachos.

Pilzpastete mit Schalotten

Eine pflanzliche Pastete lässt sich ganz einfach herstellen. Diese Grundpastete hat das klassische Waldaroma, aber Sie können das Rezept problemlos vielfach abwandeln.

Für 1 Glas (4 Personen):

150 g Sonnenblumenkerne
200 g Champignons
4 Schalotten
2 EL Olivenöl
Salz, Pfeffer
1 EL Sojasoße

Die Sonnenblumenkerne in einer Schale mit 80 °C warmem Wasser (kurz vor dem Sieden) 2 Stunden einweichen.

Champignons putzen und Schalotten schälen, dann in dünne Scheiben schneiden. In einer mittelgroßen Pfanne das Olivenöl stark erhitzen. Beides dazugeben.

Gut mischen und ein paar Minuten anbraten. Wenn die Mischung zu rösten beginnt, den Herd auf mittlere Temperatur herunterschalten und noch ein paar Minuten weitergaren, bis die Schalotten und Pilze butterweich sind. Salzen und pfeffern.

Sonnenblumenkerne spülen, abtropfen lassen und in die Schüssel des Stabmixers geben. Pilze und Schalotten hinzufügen. Sojasoße zugießen und alles zu einer homogenen Paste pürieren. Diese Paste in ein Glasgefäß oder eine kleine Terrine füllen und bei 180 °C 20 Minuten im Backofen backen. Die Mischung kann im Ofen aufgehen, das ist normal. Wenn die Pastete abgekühlt ist, mit einem Spatel oder Löffelrücken leicht zusammendrücken. Kühl aufbewahren und innerhalb der nächsten Tage verbrauchen.

Wenn das Budget es zulässt

Damit die Pastete noch aromatischer wird, können Sie eine oder mehrere der folgenden Zutaten dazugeben: Schnittlauch, 1 kleine Knoblauchzehe, 1 Handvoll Walnüsse, etwas gemahlene Muskatnuss, etwas geräucherten Tofu. Die Champignons können durch Shiitake-Pilze oder auch ein Gemüse der Saison ersetzt werden.

Focaccia mit Zucchini

Häufig nimmt man fälschlicherweise an, es sei schwierig, eine gute Focaccia selbst zuzubereiten, dabei genügen ein gutes Rezept, etwas Zeit und eine ordentliche Menge Olivenöl!

max. 1 €

Für 6 Personen:

Für den Teig:

400 g Mehl (Type 405) + etwas mehr für die Arbeitsfläche
1 TL Salz
2 TL Trockenhefe
250 ml lauwarmes Wasser
6 EL Olivenöl

Für den Belag:

1 kleine Zucchini
Kräuter der Provence
Olivenöl zum Beträufeln
Salz, Pfeffer

In einer Schüssel Mehl, Salz und Hefe mischen. In die Mitte eine Mulde drücken und das lauwarme Wasser und das Öl hineingießen. Alles gut mit einem Spatel mischen. Arbeitsfläche bemehlen. Den Teig 10 Minuten mit den Händen kneten, er soll sehr geschmeidig sein. Teig zu einer Kugel formen und diese in der Schüssel liegen lassen. Mit Frischhaltefolie abdecken und an einem dunklen Ort bei ca. 25 °C (im Winter beispielsweise neben einem Heizkörper) 1–2 Stunden gehen lassen; er soll sein Volumen verdoppeln.

Ein Backblech mit Backpapier auslegen und den Teig darauf zu einem Rechteck von ca. 20 x 30 cm ausrollen. Mit den Fingerspitzen die Luftblasen im Teig flach drücken. Die Zucchini in dünne Scheiben schneiden und diese auf der Focaccia verteilen. Mit Kräutern der Provence bestreuen, salzen, pfeffern und mit Olivenöl beträufeln. Den Teig 30 Minuten gehen lassen, ohne daran zu rühren.

Den Backofen auf 220 °C vorheizen und das Blech mit der Focaccia 10–20 Minuten backen (die Backzeit kann je nach Backofen und Beheizungsart variieren). Die Focaccia ist fertig, wenn sie goldbraun ist (ab einer Backzeit von 10 Minuten beobachten).

In Scheiben, Stücke oder große Würfel schneiden und zusammen mit Aufstrichen zum Aperitif servieren. Der Dip aus weißen Bohnen und roter Paprikaschote (siehe S. 74) und das Zaziki (siehe S. 92) passen wunderbar zu dieser Focaccia. Sie können daraus auch Sandwiches und Mini-Sandwiches zubereiten, hierfür die Focaccia waagerecht aufschneiden.

Varianten

Dieses Grundrezept lässt sich vielfach abwandeln. Ob mit Oliven und Thymian, Kirschtomaten und Rosmarin oder sogar Obst – das Rezept passt sich allem an, was Sie verfügbar haben.

Dip aus weißen Bohnen
und gegrillter Paprika

Nach Art eines Hummus lassen sich viele weitere Aufstriche auf der Basis von Hülsenfrüchten zubereiten. Die weißen Bohnen bieten eine seidige Konsistenz und einen milden Geschmack, perfekt, um den Reiz der gegrillten Paprika in diesem sommerlichen Rezept herauszustellen.

Für 1 Schüssel (4 Personen):

1 große rote Paprikaschote
250 g gekochte weiße Bohnen (1 kleine Dose; abgetropft)
1 EL Olivenöl
1 EL Zitronensaft
1 kleine Knoblauchzehe (geschält, entkeimt und in dünne Scheiben geschnitten)
Salz, Pfeffer

Die Paprikaschote halbieren, Stiel und Kerne entfernen. Die Hälften bei 200 °C (Grillstufe) auf ein Ofenrost legen.

Wenn die Haut gut gegrillt, stellenweise sogar etwas verbrannt ist, von der Paprika abziehen. Die Schote klein schneiden.

Die Paprikastücke in die Schüssel des Stabmixers geben, Bohnen, Öl, Zitronensaft und Knoblauch hinzufügen. Zu einer homogenen Creme pürieren. Nach Geschmack salzen und pfeffern.

In einem dicht verschlossenen Behälter (z. B. einem Schraubglas) kühl aufbewahren und innerhalb von 48 Stunden aufbrauchen.

Varianten

Nach dem Pürieren Kräuter der Provence oder gehackte frische Minze dazugeben.
Im Winter können Sie eine Variante mit geröstetem Hokkaidokürbis und Thymian ausprobieren.
Wer es etwas würziger mag, gibt etwas Kreuzkümmel, Chili und Oregano dazu.

Bruschetta mit Tomate und Rucola-Pesto

Ich liebe Rucola-Pesto – es ist preisgünstig und man kann es ganzjährig zubereiten. Gern gebe ich etwas davon auf meine Pizza oder zur Pasta. Ein besonderes Lieblingsrezept sind jedoch diese kleinen Bruschette.

max. 1 € | max. 30 min

Für 4–6 Personen:

Für die Bruschette:

1 Baguette
1 Knoblauchzehe (geschält)
3 Tomaten
2 TL Apfelessig
¼ TL Salz
Pfeffer

Für das Pesto:

65 g Sonnenblumenkerne
1 Knoblauchzehe (geschält)
50 g Rucola
1 EL Zitronensaft
1 EL Wasser
2 TL Malz- oder Bierhefe
Salz nach Geschmack

Das Baguette in 1 cm dicke Scheiben schneiden. Die Brotscheiben im Backofen oder Toaster anbräunen und mit der Knoblauchzehe einreiben.

Die Zutaten für das Pesto in der Reihenfolge der Aufzählung in die Schüssel des Stabmixers geben (das ist wichtig, denn wenn man die Sonnenblumenkerne zuletzt dazugibt, wird das Mixen sehr schwierig!). Zu einem homogenen Pesto pürieren und nach Geschmack salzen.

Die Tomaten in kleine Würfel schneiden und in einer kleinen Schüssel mit Essig, Salz und Pfeffer nach Geschmack mischen. Beiseitestellen.

Auf die gebräunten Brotscheiben etwas Pesto streichen und mit Tomatenwürfeln belegen. Sofort servieren.

Raffinierte Tipps

Wenn Sie dieses Rezept im Voraus zubereiten wollen, garnieren Sie die Brotscheiben erst vor dem Servieren, sonst wird das Brot durch die Feuchtigkeit weich.
Sollte etwas Pesto übrig bleiben, verwenden Sie es für ein Pastagericht, eine Suppe oder als Brotaufstrich. Es macht sich auch gut in einer Vinaigrette, um Salate aufzupeppen!

Zitronige Karottencreme mit Curry

Oh, die Karotten – sie sind beliebt und werden doch oft zu wenig verwendet. Weit davon entfernt, nur eine einfache Beilage zu sein, bieten Sie uns kreative und leckere Zubereitungsmöglichkeiten, wie diese ergiebige Creme mit Zitronennote.

max. 1 €

Für 1 Schüssel (4–6 Personen):

600 g Karotten
1–2 EL Zitronensaft
1 Sojajoghurt
½ TL Currypulver
½ TL Salz
5 EL neutrales Öl
frischer Koriander

Die Karotten schälen, in mittelgroße Stücke schneiden und in einem Topf mit Wasser schön weich kochen.

Die Karotten abtropfen lassen und in die Schüssel des Stabmixers geben. 1 EL Zitronensaft, Joghurt, Currypulver, Salz und 2 EL Öl dazugeben.

Zu einer glatten Masse pürieren. Abschmecken und die Menge an Zitronensaft und Salz nach Geschmack anpassen.

Das restliche Öl zugießen und alles zu einer schönen Emulsion mixen. 1–2 Stunden vor dem Verzehr kühl stellen. Mit klein geschnittenem Koriander servieren.

Varianten

Nach demselben Verfahren können Sie eine Hokkaidocreme mit Gewürzen oder eine Süßkartoffelcreme zubereiten. Denken Sie an Samen oder Kräuter, die Sie im Vorratsschrank oder Kühlschrank haben, um die Creme damit zu garnieren.

Crostini mit Frischkäse und gebratenen Champignons

Crostini sind sozusagen verwandt mit der Bruschetta. Es sind kleine knusprige Toasts mit herzhaftem Belag, die bestens zum Aperitif passen. Ich stelle Ihnen hier eine im Mund zergehende und sehr schmackhafte Zubereitung vor.

Für 6 Personen:

1 Baguette

Für den Frischkäse:

4 Sojajoghurts natur (400 g)
½ TL Salz
1 TL neutrales Öl

Für die gebratenen Champignons:

400 g Champignons
4 EL Olivenöl
4 EL gehackte Petersilie (frisch oder TK) + etwas mehr zum Garnieren
4 Knoblauchzehen (geschält)
Salz, Pfeffer

Die Sojajoghurts in ein feinmaschiges Sieb geben, das mit einem Seihtuch (oder einem Stück Gaze oder Stoff) ausgelegt ist und über einer großen Schüssel hängt. Den Stoff über dem Joghurt schließen. Als Gewicht eine Schüssel oder Schale daraufstellen. Das Ganze in den Kühlschrank stellen und mindestens 4 Stunden abtropfen lassen. Den abgetropften Joghurt mit einem Löffel aus dem Seihtuch in eine Schüssel geben. Salz und Öl dazugeben und mischen. 30 Minuten kalt stellen.

Die Champignons putzen und in Scheiben schneiden. Das Öl bei starker Hitze in einer großen Pfanne erhitzen und die Champignons dazugeben. Gut mischen und großzügig pfeffern. Regelmäßig umrühren. Wenn die Champignons zu bräunen beginnen, Petersilie dazugeben und den Knoblauch durch die Knoblauchpresse in die Pfanne geben. Alles gut mischen. Unter regelmäßigem Rühren die Pilze weiterbraten, bis sie goldbraun sind. Am Ende der Bratzeit nach Geschmack salzen.

Das Baguette in ca. 1 cm dicke Scheiben schneiden und im Toaster goldbraun und knusprig toasten. Mit Frischkäse bestreichen und mit Champignons garnieren. Für den letzten Aromakick leicht pfeffern und mit 1 Prise gehackter Petersilie bestreuen.

Lauwarm oder kalt servieren. Wenn Sie die Garnituren im Voraus zubereiten, bewahren Sie diese in einem dicht verschlossenen Behälter im Kühlschrank auf.

Varianten

Crostini lassen sich auch mit im Ofen geröstetem Kürbis und etwas Thymian zubereiten, mit gebratenen Rüben und Dill oder im Sommer mit gegrillten Paprikaschoten und Basilikum.

Erbsenpüree mit Zitrone und Minze

Als Dip oder für kleine Toasts oder Grissini ist dieses leckere Erbsenpüree ebenso geeignet wie für gesunde und nahrhafte Sandwiches.

Für 1 Schüssel (6 Personen):

- 400 g TK-Erbsen
- 1 ½ EL gehackte frische Minze
- 2 EL Zitronensaft
- 2 EL neutrales Öl
- 3 EL Wasser
- ½ TL Salz

Einen mittelgroßen Topf zur Hälfte mit Wasser füllen und dieses zum Kochen bringen. Die Erbsen ein paar Minuten ins Wasser legen. Abtropfen lassen und unter kaltem Wasser spülen, um sie abzukühlen und den Garvorgang zu stoppen.

Die Erbsen und die übrigen Zutaten in die Schüssel eines Stabmixers oder Mixers geben. Zu einer Creme ohne Stückchen pürieren (je nach Gerät wird sie mehr oder weniger glatt). Bei Bedarf 1–2 EL Wasser untermixen.

Vor dem Servieren kurz kalt stellen.

Weitere Rezeptideen

Die Creme eignet sich auch für eine Mahlzeit mit warmen Broten, im Sommer mit gegrillten Zucchini oder im Winter mit geröstetem Hokkaidokürbis. Bestreuen Sie die Creme als kleine Leckerei mit etwas Sesam oder Sonnenblumenkernen. Bei frisch geschnittenem belegtem Brot denken Sie an Radieschenscheiben, dünne Karottenstreifen (mit dem Sparschäler geschnitten) und selbst gezogene Sprossen. So kommt noch eine Extraportion an Vitaminen und Mineralstoffen dazu!

Linsenkroketten mit Kräutern

Diese genialen Linsenkroketten können nach demselben Prinzip wie Falafel zubereitet werden und sind beim Verhältnis Nährwert/Geschmack/Preis unschlagbar. Auch als Beilage sind sie bestens geeignet.

max. 1 €

Für 15–20 Kroketten:

200 g beliebige (ungeschälte) Linsen
1 kleine Zwiebel
2 Knoblauchzehen
3 EL gehackte Petersilie (frisch oder TK)
1 EL gehackte Minze (frisch oder TK)
1 EL gehackter Koriander (frisch oder TK)
2 EL beliebiges Weizenmehl
Salz, Pfeffer
Öl zum Frittieren

Die Linsen am Vortag in eine Schüssel mit kaltem Wasser legen und mindestens 12 Stunden einweichen. Am nächsten Tag abtropfen lassen und spülen. Die Linsen in die Schüssel einer Küchenmaschine mit S-Klinge geben und die übrigen Zutaten hinzufügen. Nehmen Sie sich ausreichend Zeit, alles immer wieder gründlich zu vermengen, damit eine homogene Masse ohne ganze Linsen entsteht. Nach Geschmack salzen und pfeffern.

In einem kleinen Topf Öl (etwa 4 cm hoch) erhitzen. Die Temperatur können Sie testen, indem Sie ein kleines Stück von dem Teig hineingeben. Korrigieren Sie die Temperatur beim Frittieren, wenn die Kroketten zu sehr bräunen. Ihre Kruste soll goldbraun und die Konsistenz knusprig-weich sein (wie bei der Falafel).

Jeweils 1 EL Teig zu einer Kugel formen. Immer 3 Kroketten gleichzeitig frittieren und diese mit einem Schaumlöffel im Fett hin und her rollen. Sobald sie schön gebräunt sind, mit dem Schaumlöffel herausnehmen und abtropfen lassen, dann auf einen mit Küchenpapier ausgelegten Teller legen, um überschüssiges Fett aufzusaugen.

Warm, lauwarm oder kalt mit einer Soße genießen (Frischkäsesoße, Chilisoße oder Tahini).

Variante

Sie können dieses Grundrezept auch für vegane Bratlinge verwenden, indem Sie beim Mixen 1 Glas gekochten Reis zu der Mischung geben. Bratlinge formen, diese auf ein mit Backpapier ausgelegtes Backblech legen, mit Öl einpinseln und im Backofen bei 170 °C goldbraun backen.

Kartoffel-Wedges

Etwas rustikaler als Pommes frites – dennoch sind diese Kartoffelviertel mit Schale ebenso einfach zuzubereiten, und man genießt sie als Snack. Ich stelle Ihnen hier meine Lieblingswürze dafür vor, die auch zu Gerichten mit Bratkartoffeln sehr gut passt.

Für 4 Personen:

Für die Mayonnaise:

2 TL Dijonsenf
4 EL Sojasahne
4 EL neutrales Öl
¼ TL Salz
Pfeffer
½ TL beliebige getrocknete Kräuter

Für die Kartoffeln:

1 kg große Kartoffeln (festkochend)
1 TL Paprikapulver (bei Bedarf geräuchert)
½ TL Knoblauchpulver oder Knoblauchgranulat
2 TL Kräuter der Provence
2 EL neutrales Öl
Salz, Pfeffer

Senf, Sojasahne und Öl in die Schüssel des Stabmixers geben. Mixen, um eine gute Emulsion und eine cremige Mayonnaise zu erhalten. In eine Schale füllen, salzen pfeffern und die getrockneten Kräuter dazugeben. Nach Geschmack pfeffern und 1 Stunde kalt stellen.

Die Kartoffeln waschen und abtrocknen. In Viertel schneiden und auf ein Backblech legen. Gewürze, Kräuter und Öl dazugeben und großzügig pfeffern. Gut mischen und die Viertel so anordnen, dass sie sich nicht berühren. Das Blech in den Ofen schieben und bei 165 °C ca. 40 Minuten backen. Den Garzustand prüfen und bei Bedarf die Backzeit um jeweils 5 Minuten verlängern. Die Kartoffeln salzen.

Die Kartoffeln mit etwas Kräutermayonnaise servieren.

Info

Es gibt gebrauchsfertige Kräutermischungen, Sie können aber auch Ihre eigene zusammenstellen: Schnittlauch, Dill, Kerbel, Estragon – oder einfach Tiefkühlprodukte oder Kräuter der Saison verwenden.

Varianten

Verwenden Sie geräuchertes Chilipulver für pikante Kartoffeln oder Curry für eine aromatische Version. Bereiten Sie Mayonnaise mit Knoblauch und Zitrone, Sriracha-Soße oder Harissa zu.

Sojafrischkäse mit Schalotten und Schnittlauch

Nach Art eines Brousse-Käses verwandelt sich die abgetropfte Sojamilch in wenigen Schritten und mit sehr wenig Arbeitsmaterial in einen Frischkäse. Dann stehen Ihnen unzählige Varianten der Weiterverwendung zur Verfügung. Um sich mit der Methode vertraut zu machen, schlage ich eine klassische Würze mit Schalotte und Schnittlauch vor.

max. 1 €

Für 4 Personen:

Für den Frischkäse:

1 l Sojamilch
1 ½ EL Zitronensaft
1 ½ EL Apfelessig

Für die Würze:

1 EL Zitronensaft
1 TL getrocknete Schalotten
2 TL getrockneter Schnittlauch
1 TL Salz

Die Sojamilch in einem großen Topf bei mittlerer Hitze (das ist wichtig, sonst erhitzt die Milch zu schnell und schäumt) zum Sieden bringen. Zitronensaft und Essig zugießen und den Topf vom Herd nehmen. 10 Minuten ruhen lassen.

Über ein feinmaschiges Sieb ein Seihtuch (oder eine Baumwollgaze) legen und das Sieb über eine große Schale oder Rührschüssel setzen. Die geronnene Sojamilch vorsichtig in das Sieb gießen, die Molke – die klare Flüssigkeit, die sich von der geronnenen Milch getrennt hat – wegwerfen. Das Sieb wieder über die Schale setzen, das Tuch über der geronnenen Milch schließen und zum Beschweren eine Schale oder ein Schälchen daraufsetzen. Über Nacht kühl gestellt ruhen lassen.

Am nächsten Tag in eine Schale umfüllen, die Würzzutaten dazugeben und gut mischen. Sie können den Käse so verwenden oder ihn in einem Edelstahlring formen. In diesem Fall legen Sie den Ring auf einen kleinen Teller, drücken den Käse im Ring gut fest und stellen ihn ein paar Stunden kalt. Vor dem Servieren vorsichtig aus der Form nehmen.

Wenn das Budget es zulässt

1–2 TL Malzhefe untermischen, so erhält dieses Rezept eine intensivere Käsenote.

Zwiebelringe

Die Zwiebelringe im Teigmantel sind eine meiner kleinen Sünden. Diese Art frittierter Speisen soll natürlich nur in Maßen genossen werden, von Zeit zu Zeit geht jedoch nichts über einen schönen Teller Zwiebelringe in netter Runde.

Für 4 Personen:

2 große gelbe Zwiebeln
neutrales Öl

Für den Ausbackteig:

100 g Weizenmehl (Type 550 oder 405) + etwas mehr für die Zwiebeln
1 EL Maisstärke
⅛ TL Backnatron oder Backpulver
¼ TL Salz
120 ml Pflanzenmilch

Für den Teig Mehl, Stärke, Backnatron und Salz in einer kleinen Schüssel mischen. Eine Mulde hineindrücken und die Pflanzenmilch hineingießen. Von der Mitte aus alles gut mischen. Wenn der Teig zu flüssig ist, noch etwas Mehl dazugeben, wenn er zu fest ist, noch etwas Wasser (beispielsweise jeweils 1 EL).

Die Zwiebeln schälen, in dicke Ringe schneiden und alle voneinander trennen. Bei Bedarf die Zwiebelringe kurz in Mehl wälzen.

3–4 cm Öl in einem kleinen Topf bei mittlerer bis starker Hitze erhitzen. Um die Temperatur zu prüfen, einen in Teig getauchten Zwiebelring ins Öl geben. Falls die Zwiebelringe zu stark bräunen, können Sie die Temperatur während des Frittierens reduzieren.

Zwiebelringe in den Teig tauchen und jeweils 2 oder 3 gleichzeitig frittieren, dabei mit einem Schaumlöffel wenden. Sobald sie goldgelb sind, abtropfen lassen und auf einen mit Küchenpapier ausgelegten Teller oder einen Rost legen, um überschüssiges Öl zu entfernen. Sofort servieren, denn der Teig wird beim Erkalten weich.

Tipps

Sie können die Zwiebelringe mit Cocktailsoße, mit etwas gewürztem Ketchup, einer Joghurt-Kräuter-Soße oder Sauce Tartare servieren. Der Ausbackteig eignet sich außerdem für verschiedene Gemüsesorten wie Zucchini, Paprika, Aubergine oder Blumenkohl.

Pflanzliches Zaziki
mit Dill und Minze

Zaziki ist ein Klassiker der griechischen und türkischen Küche, seine Frische und sein Aroma machen es auch in anderen Ländern zu einem beliebten Rezept – beispielsweise zum Aperitif. Für eine besonders aromatische Note verwende ich dabei gern Minze und Dill.

Für 1 große Schale:

½ Gurke
2 Sojajoghurts natur
¼ TL getrockneter Dill
3 Stängel Minze (gehackt)
½ Knoblauchzehe (geschält und gepresst)
1 TL Salz

Gurke schälen. Mit einer groben Reibe raspeln und anschließend in einem sauberen Tuch ausdrücken, um ein Zaziki nach den Regeln der Kunst zuzubereiten. Andernfalls die Gurke möglichst fein hacken, beispielsweise in sehr kleine Würfel.

In einer großen Schale den Joghurt mit Dill, Minze, Knoblauch und Salz mischen. Die Gurke dazugeben und alles gut mischen.

1–2 Stunden kalt stellen; dadurch bekommt das Zaziki noch mehr Geschmack, denn die verschiedenen Zutaten durchziehen dann mit ihrem Aroma den Joghurt.

Tipps

Sie können das Zaziki mit hausgemachten Blinis, getoastetem Pita- oder Toastbrot oder mit Chicoreeblättern servieren.
Vermeiden Sie zu bittere Gurkensorten.
Sollte der Joghurt zu flüssig sein, lassen Sie ihn vorab 1 Stunde lang abtropfen (wie zur Zubereitung von Frischkäse, siehe S. 44), damit er cremiger wird.

Suppen und Salate

Rustikale Tomatensuppe

Eine wohltuende und wohlschmeckende Suppenmahlzeit mit dem Vorteil, in jeder Jahreszeit gekocht werden zu können, da sie mit Konserven zubereitet wird. Eines meiner Lieblingsrezepte in diesem Buch.

 max. **30** min

Für 2–4 Personen:

- 1 große Zwiebel
- 4 Knoblauchzehen
- 1 große Kartoffel
- 2 EL Olivenöl
- 1 TL Kräuter der Provence
- 1 Dose stückige Tomaten (400 g)
- 600 ml Gemüsebrühe
- 250 g gekochte weiße Bohnen (1 kleine Dose)
- Brotcroûtons
- Salz, Pfeffer

Zwiebel und Knoblauch schälen und in dünne Scheiben schneiden; alternativ den Knoblauch durch die Knoblauchpresse drücken. Die Kartoffel schälen und in kleine Würfel schneiden.

In einem großen Topf das Olivenöl stark erhitzen. Die Zwiebeln dazugeben und goldgelb braten. Knoblauch, Kartoffeln und Kräuter der Provence hinzufügen und vermischen.

1 Minute unter Rühren anbraten, dann die Tomaten dazugeben und den Herd auf mittlere bis schwache Hitze herunterschalten. Die Gemüsebrühe zugießen und gut mischen. 20 Minuten köcheln lassen. Die weißen Bohnen spülen, abtropfen lassen und zur Suppe geben. Bei Bedarf noch etwas Wasser nachgießen. Nach Geschmack würzen. Die Suppe heiß mit Croûtons servieren.

Hausgemachte Croûtons

Das Brot in kleine Würfel schneiden. Die Würfel auf ein mit Backpapier ausgelegtes Backblech legen. Mit Olivenöl beträufeln, salzen und mit etwas Knoblauchgranulat bestreuen. Im Backofen bei 150 °C goldbraun backen.

Wenn das Budget es zulässt

Etwas gehacktes frisches Basilikum in die Suppe geben und mit Zitronenvierteln servieren, die über der Suppe ausgedrückt werden können und für eine säuerliche Note sorgen.

Rote Linsensuppe mit Curry

Diese aromatische Suppe mit viel Gemüse erweist den roten Linsen die Ehre, die den Vorteil haben, sehr schnell gar zu sein. Eine gute Suppe muss nicht unbedingt lange kochen.

max. 1 € — max. 30 min

Für 4 Personen:

2 Selleriestangen
2 Karotten
1 große Zwiebel
1 mittelgroße Kartoffel
2 EL Olivenöl oder neutrales Öl
2 Knoblauchzehen (geschält und gepresst)
1 TL Currypulver
1 ½ l Gemüsebrühe
150 g rote Linsen
Salz, Pfeffer
frischer Koriander und Zitronenviertel zum Garnieren (nach Belieben)

Das Gemüse schälen und in kleine Würfel schneiden.

In einem Schmortopf oder großen Topf das Olivenöl stark erhitzen. Das Gemüse darin zusammen mit dem Knoblauch und dem Currypulver 2 Minuten anbraten, dabei regelmäßig umrühren. Die Gemüsebrühe zugießen und den Herd auf mittlere bis milde Hitze herunterschalten.

Ohne Deckel köcheln lassen. Wenn das Gemüse weich ist, die Linsen dazugeben und 5 Minuten weiterkochen. Die Linsen sollen fest bleiben.

Mit Salz und Pfeffer abschmecken. Falls vorhanden, etwas Koriander klein schneiden, über die Suppe streuen und ein Zitronenviertel über jede Portion träufeln. Das sorgt für eine leicht säuerliche Note und eine Portion Vitamin C.

Wenn das Budget es zulässt

Besonders lecker wird die Suppe, wenn Sie 200 ml Kokosmilch unterrühren.

Nudelsuppe mit knusprigem Tofu

Eine komplette Mahlzeit in einer Suppenschale! In der leckeren Bouillon kringeln sich Weizennudeln, die knusprigen Tofuwürfel ergänzen diese schmackhafte Suppe.

Für 4 Personen:

200 g chinesische Nudeln ohne Ei (z. B. Mie-Nudeln; alternativ: Capellini, Spaghetti)

Saft von 1 Zitrone

Sojasoße

Für die Suppe:

3 Karotten

1 Stange Lauch

1 ½ l Gemüsebrühe

4 EL Sojasoße

1 kleines Stück frischer Ingwer (geschält und zerkleinert)

2 EL gehacktes Zitronengras (frisch oder TK)

Für den knusprigen Tofu:

250 g fester Tofu (wahlweise natur oder aromatisiert)

4 EL Weizenmehl

4 EL Wasser

Semmelbrösel

Salz

neutrales Öl

Für die Suppe die Karotten schälen und vom Lauch etwas Grün und die Wurzelfasern abschneiden. Beide Gemüse in dünne Streifen schneiden. Mit der Brühe und der Sojasoße in einen Kochtopf geben und bei mittlerer Hitze erhitzen. Ingwer und Zitronengras dazugeben. Bei mittlerer bis milder Hitze köcheln lassen.

Den Tofu in Würfel schneiden. In einer Schale Mehl und Wasser zu einem »Leim« mischen (falls nötig, etwas mehr Wasser dazugeben). Die Semmelbrösel in eine andere Schale geben und leicht salzen. Die Tofuwürfel erst in der Mehl-Wasser-Mischung, dann in den Semmelbröseln wälzen. In einer kleinen Pfanne etwas Öl stark erhitzen. Die Tofuwürfel darin anbräunen, sie sollen knusprig werden. Beiseitestellen.

Die Nudeln nach Packungsanweisung in kochendes Wasser geben, dann abtropfen lassen. Nudeln und Zitronensaft in die Gemüsebrühe geben. Die Suppe mit einigen Tofuwürfeln garniert servieren. Dazu die Sojasoße reichen, damit jeder nach Geschmack würzen kann.

Tipps

Ingwer und Zitronengras gibt es auch tiefgefroren, was sehr praktisch und sparsam ist, wenn man nur eine kleine Menge davon braucht. Frischen Ingwer bekommt man problemlos im Supermarkt. Asia-Supermärkte und Asia-Läden bieten immer Ingwer und Zitronengras an, häufig zu einem günstigeren Preis. Märkte schließlich sind auch eine gute Möglichkeit, an preisgünstige Gewürze zu kommen.

Kürbiscremesuppe

Im Winter ist die Kürbiscremesuppe bei mir ein Klassiker. Seit einigen Jahren bekommt man Hokkaido- und Butternut-Kürbisse praktisch in allen größeren Supermärkten. Eine gute Gelegenheit, Suppen auf der Grundlage von Kürbisgewächsen neu zu entdecken.

max. 1 € **max. 30 min**

Für 6–8 Portionen:

1 kg Kürbis
1 große Kartoffel
1 Zwiebel
ca. 1,5 l Gemüsebrühe
½ TL Zimtpulver
2 Prisen gemahlene Muskatnuss
1 TL gemahlener Koriander
Pfeffer
1 Knoblauchzehe (geschält und entkeimt)
Salz

Den Kürbis in große Stücke schneiden, falls nötig schälen (Hokkaido muss nicht geschält werden, eine Zeit- und Geldersparnis!). Die Kartoffel schälen und in große Stücke schneiden, dann die Zwiebel schälen und in dicke Scheiben schneiden.

Das Gemüse in einen Kochtopf oder großen Schmortopf geben und mit Gemüsebrühe bedecken. Die Gewürze dazugeben und zugedeckt bei starker Hitze aufkochen.

Bei schwacher Hitze weiterkochen lassen, bis der Kürbis butterweich ist. Die Kochzeit hängt von der Größe der Kürbisstücke ab. Wenn das Gemüse gar ist, den Knoblauch dazugeben. Dann alles pürieren.

Salzen und nochmals mit den Gewürzen abschmecken.

Wenn das Budget es zulässt

Mit etwas Pflanzensahne, frischem Koriander, etwas Sesam, Croûtons oder einem Schuss Olivenöl servieren.

Karottencremesuppe mit Croûtons und Petersilie

Suchen Sie nicht weiter! Das hier ist *die* ideale Karottensuppe und Sie müssen sich den Kopf nicht länger über eine farbenfrohe Wintermahlzeit zerbrechen. Das (offene) Geheimnis: ein kleines Kräutersträußchen, das seine Aromen in die Suppe abgibt und Croûtons mit Persillade für die maximale Schlemmernote.

Für 4–6 Personen:

Für die Cremesuppe:

450 g Karotten
1 Zwiebel
2 mittelgroße Kartoffeln
2 Knoblauchzehen
1 l Gemüsebrühe
4–5 Stängel getrockneter Thymian
2 getrocknete Lorbeerblätter

Für die Croûtons:

2 große Scheiben Brot (1 cm dick)
2 EL Olivenöl
2 EL gehackte Petersilie
2 Knoblauchzehen (geschält und gepresst)
Salz, Pfeffer

Die Karotten schälen und in Scheiben schneiden. Die Zwiebel schälen und in dicke Scheiben schneiden. Die Kartoffeln schälen und in Würfel schneiden. Den Knoblauch schälen, entkeimen und die Zehen halbieren.

Alle Gemüsesorten in einen Schmortopf oder großen Topf geben und die Brühe zugießen. Die Thymianstängel und die Lorbeerblätter zu einem kleinen Kräutersträußchen zusammenbinden und in die Suppe legen. Den Topf zudecken und bei mittlerer Hitze köcheln lassen, bis die Karotten butterweich sind. Das Kräutersträußchen herausnehmen und die Suppe mit dem Stabmixer pürieren.

Das Brot in Würfel schneiden und diese auf ein mit Backpapier ausgelegtes Backblech legen. Öl, gehackte Petersilie und Knoblauch vermengen. Über das Brot gießen und gut durchmischen. Salzen und pfeffern. Im Backofen bei 150 °C goldbraun backen.

Die Suppe mit Salz und Pfeffer abschmecken und mit den Croûtons servieren.

Aufbewahrung

Die Suppe lässt sich problemlos einfrieren. Im Kühlschrank hält sie sich 2–3 Tage.

Reissuppe mit Pilzen

Diese Suppe mit winterlicher Geschmacksrichtung ist mild und wohltuend. Ich mag sie unpüriert, sie ist dann etwas rustikaler, aber sie kann ohne Weiteres auch ganz klassisch püriert werden.

Für 4 Personen:

1 Zwiebel
1 große Karotte
200 g beliebige Pilze
1 Stange Lauch
3 EL neutrales Öl oder Olivenöl
600 ml Brühe
400 ml Pflanzenmilch
150 g beliebiger Reis
5–6 Stängel getrockneter Thymian
3 getrocknete Lorbeerblätter
Salz, Pfeffer
2–3 Prisen gemahlene Kurkuma (nach Belieben)
200 ml Pflanzensahne (nach Belieben)

Zwiebel und Karotte schälen und in dünne Scheiben schneiden. Pilze und Lauch putzen und fein hacken. In einem Schmortopf oder großen Topf das Öl stark erhitzen und das Gemüse darin einige Minuten anbraten. Die Brühe und die Pflanzenmilch zugießen. Den Reis dazugeben. Die Thymianstängel und die Lorbeerblätter zu einem kleinen Kräutersträußchen binden und in die Suppe legen.

Zugedeckt bei mittlerer bis schwacher Hitze 20 Minuten köcheln lassen.

Das Kräutersträußchen herausnehmen und die Suppe nach Geschmack salzen und pfeffern. Für eine noch hübschere Farbe und cremigere Konsistenz können Sie 2–3 Prisen Kurkuma und die Pflanzensahne dazugeben.

Raffinierter Tipp

Geben Sie einen Rest Gemüsesuppe in diese Suppe, um die Aromen zu verstärken und die Suppe noch cremiger zu machen. Ganz allgemein kann ein pürierter Suppenrest als Grundlage für eine neue Suppe dienen. So kann beispielsweise auf Gemüsebrühe verzichtet werden, indem der Suppenrest mit Wasser verdünnt wird.

Gazpacho

Diese klassische kalte Suppe darf im Sommer nicht fehlen. Sie ist erfrischend und leicht säuerlich – eine perfekte Vorspeise, die sogar in kleinen Gläsern zum Aperitif genossen werden kann. Bonus: Sie lässt sich einfrieren und kann daher im Voraus zubereitet werden.

max. 1 €   max. 30 min

Für 4 Schalen:

6 große Tomaten
2 rote Paprikaschoten (entkernt)
1 kleine Zwiebel (geschält)
1 Gurke (geschält)
3 EL Olivenöl
3 EL Apfelessig
2 Knoblauchzehen (geschält)
1 TL Salz
1 EL Zucker

Tomaten, Paprikaschoten, Zwiebel und die Hälfte der Gurke klein schneiden und in die Schüssel eines Stand- oder Stabmixers geben. Öl, Essig, Knoblauch, Salz und Zucker dazugeben und zu einer glatten Suppe pürieren. Zum Schluss bei Bedarf etwas Wasser zugießen, falls die Konsistenz zu fest ist. Abschmecken.

Die restliche halbe Gurke zum Garnieren in kleine Würfel schneiden. Gekühlt servieren. In einer verschlossenen Flasche 3 Tage im Kühlschrank haltbar.

Varianten

Für ein leicht süßes und aromatisches Gazpacho klein geschnittene Wassermelone dazugeben.
Mit hausgemachten Croûtons (siehe S. 96) serviert, wird eine nahrhaftere Vorspeise daraus. An einem sehr heißen Tag das Gazpacho mit einigen Eiswürfeln servieren.
Der Erfrischungseffekt ist damit garantiert!

Maissuppe

Während Mais bei uns gern als Gemüsebeilage oder im Salat gegessen wird, ist die Maissuppe in den USA ein Klassiker. Die Zubereitung ist einfach und der sehr milde Geschmack wird Jung und Alt begeistern.

Für 4 Personen:

1 kleine Zwiebel
1 Knoblauchzehe
2 EL Olivenöl
Pfeffer
450–500 g Zuckermais aus der Dose (gespült und abgetropft)
400 ml Gemüsebrühe
200 ml Pflanzenmilch + etwas mehr zum Servieren
Salz

Zwiebel und Knoblauch schälen und in dünne Scheiben schneiden. Alternativ den Knoblauch durch die Knoblauchpresse drücken.

In einem großen Topf das Olivenöl erhitzen und die Zwiebeln darin einige Minuten bei starker Hitze anbraten. Den Knoblauch dazugeben und mischen. Pfeffern und den Mais hinzufügen. Alles gut vermengen.

Den Mais einige Minuten anbräunen, dann die Gemüsebrühe zugießen. Den Topf nicht zudecken. Wenn die Mischung leicht zu brodeln beginnt, den Herd auf schwache Hitze herunterschalten und die Suppe 10 Minuten köcheln lassen.

Die Pflanzenmilch zugießen und die Suppe pürieren. Nach Geschmack salzen. Mit etwas Pflanzensahne und nach Belieben mit einem Spritzer Olivenöl servieren.

Variante

Etwas rustikaler und gehaltreicher wird die Suppe, wenn Sie zum Servieren einige Maiskörner und gewürfelte rote Paprika dazugeben.

Lauwarmer Salat aus geröstetem Wintergemüse mit Orange und Couscous

Nur weil Winter ist, müssen Sie nicht auf Farben und Vitamine verzichten! Dieser lauwarme Salat eignet sich perfekt für Gäste.

Für 4–6 Personen:

300 g Kürbis (z. B. Butternut, Muskatkürbis, Hokkaido)
4 kleine Karotten
200 g Kartoffeln
2 EL Olivenöl
Pfeffer
200 g mittelfeiner Couscous
¼ TL gemahlener Zimt
1 EL Zitronensaft
Salz
2 Orangen

Den Kürbis in Streifen schneiden, die Karotten schälen und der Länge nach vierteln. Die Kartoffeln schälen und in mittelgroße Stücke schneiden.

Das Gemüse auf ein mit Backpapier ausgelegtes Backblech legen, mit 1 EL Olivenöl beträufeln und pfeffern. Im Backofen bei 170 °C 20–25 Minuten rösten.

In einer großen Schüssel Couscous, restliches Olivenöl und Zimtpulver mischen. Mit kochendem Wasser bedecken. Mit einem Teller abdecken und 5–10 Minuten quellen lassen. Den Couscous mit einer Gabel auflockern, den Zitronensaft dazugeben und gut vermischen.

Das geröstete Gemüse zum Couscous geben. Nach Geschmack salzen und pfeffern. 1 ½ Orangen mit einem Messer schälen und das Fruchtfleisch würfeln. Die restliche halbe Orange über den Salat pressen. Alles mischen und servieren.

Info

Diesen Salat kann man lauwarm oder kalt genießen. Er hält sich in einem verschlossenen Behälter im Kühlschrank 3 Tage.

Wenn das Budget es zulässt

Mischen Sie Rosinen, Mandelblättchen, Haselnüsse oder Sonnenblumenkerne unter den Salat.

Linsensalat

Dieser Salat hat alles, was man von einem guten Linsensalat erwartet: Konsistenz, Geschmack und die hübschen Farben sind ausgewogen; seine schnelle Zubereitung erfordert kein Kopfzerbrechen. Kleine kreative Note: Als Gewürzkraut kommt hier Rucola zum Einsatz – eine tolle Idee, die sich auch auf andere Rezepte übertragen lässt.

Für 4 Personen:

225 g beliebige getrocknete Linsen
½ Zwiebel
1 große rote Paprikaschote
1 große Handvoll Rucola
Zitronen-Pfeffer-Vinaigrette (siehe S. 120)

Die Linsen in einen großen Topf mit kaltem Wasser geben. Aufkochen und kochen lassen, bis die Linsen weich, aber noch fest sind. Die Kochzeit hängt von der Linsensorte ab. Die Linsen abgießen und unter kaltem Wasser spülen.

Die Linsen in eine Schüssel geben. Die Zwiebel schälen und fein hacken. Die Paprikaschote entkernen. Paprika und Rucola klein schneiden. Alles mit in die Schüssel geben und mischen. Vor dem Servieren mit der Zitronen-Pfeffer-Vinaigrette oder einer anderen Vinaigrette Ihrer Wahl anmachen.

Den Salat in einem verschlossenen Behälter im Kühlschrank aufbewahren.

Varianten

Sie können zu diesem Salat etwas frische Minze und/oder frischen Koriander geben oder die Paprikaschote durch Tomate und den Rucola durch gehackte Petersilie und etwas frische Minze ersetzen, sodass er der Taboulé ähnelt.

Rainbow Slaw

Coleslaw ist jenseits des Atlantiks ein beliebter Salat mit Weißkohl und Karotten, der häufig für Burger verwendet wird. Ich biete Ihnen hier eine neue bunte Version mit Rotkohl, der voller Antioxidantien steckt, und mit geraspeltem Brokkolistiel. Dieser wird häufig weggeworfen, weil man nicht weiß, was man damit anfangen soll, dabei ist er ausgesprochen lecker!!

Für 4 Personen:

1 großer Brokkolistiel (ohne die Röschen)
2 große Karotten (geschält)
¼ Weiß- oder Rotkohlkopf

Für die Soße:

2 Sojajoghurts
2 TL Senf
2 EL Apfelessig
5 EL neutrales Öl
1 EL Zucker
1 TL Salz

In der Küchenmaschine oder auf einer Handreibe den Brokkolistiel und die Karotten rapseln. Den Kohl fein hacken oder ebenfalls in der Küchenmaschine raspeln. In einer Schüssel alles mischen.

Alle Zutaten für die Soße in der Schüssel des Stabmixers mixen. Mit dem geraspelten Gemüse vermengen. Kalt stellen und innerhalb von 48 Stunden verbrauchen.

Variante

Für eine süß-salzige Version auch 1 oder 2 zu Stiften geschnittene Äpfel und einige Rosinen untermischen.

Kartoffelsalat mit Dill-Senf-Sahne

Ein guter Kartoffelsalat ist für mich unwiderstehlich. Dieses Rezept ist kinderleicht, das skandinavisch inspirierte Dressing überaus lecker.

max. 1 € | **max. 30 min** | **max. 5 Zutaten**

1,3 kg festkochende Kartoffeln
2 Schalotten

Für die Soße:

2 Sojajoghurts
2 EL Senf
4 EL neutrales Öl
1 EL Dill (getrocknet oder TK)
Salz, Pfeffer

Die Kartoffeln schälen und in mittelgroße gleichmäßige Stücke schneiden.

In einem großen Kochtopf nicht zu weich kochen (die Kochzeit hängt von der Größe der Stücke ab).

Die Kartoffeln abgießen und unter kaltem Wasser spülen. Erkaltet in eine Schüssel geben. Wenn Sie den Salat gern lauwarm essen, die Kartoffeln nicht abkühlen lassen. Die Schalotten schälen, in dünne Scheiben schneiden und zu den Kartoffeln geben.

Joghurts, Senf und Öl in der Schüssel eines Stabmixers zu einer Emulsion mixen. In eine kleine Schüssel gießen, den Dill zugeben und gründlich mischen. Nach Geschmack salzen und pfeffern. Die Soße über die Kartoffeln gießen und vorsichtig unterheben. Servieren. Der Salat hält sich zugedeckt im Kühlschrank 48 Stunden.

Varianten

Wenn Sie keinen Dill mögen, nehmen Sie stattdessen gehackten frischen Schnittlauch. Sie können einige gehackte süßsaure Cornichons unter die Soße mischen, nach Art einer Sauce Tartare.

5 leckere Salatsoßen

Für jeweils 1 Schälchen:

Himbeer-Vinaigrette
2 TL Dijonsenf
2 EL Himbeerkonfitüre
3 EL Apfelessig
4 EL neutrales Öl
Salz (nach Geschmack)

Honig-Senf-Dressing
3 TL Dijonsenf
3 EL veganer Honig oder Sirup (Agavendicksaft, Ahorn- oder Reissirup)
2 EL Apfelessig
4 EL neutrales Öl
Salz (nach Geschmack)

Zitronen-Pfeffer-Vinaigrette
1 EL Dijonsenf
3 EL Zitronensaft
4 EL Öl
1 EL Zucker
¼ TL schwarzer Pfeffer aus der Mühle
Salz (nach Geschmack)

Soße nach Art eines Ranch-Dressings
3 TL Dijonsenf
1 EL Apfelessig
3 EL Pflanzensahne
3 EL neutrales Öl
1 Sojajoghurt natur
1 TL Zwiebelgrieß
1 TL gehackte Petersilie
1 TL gehackter Dill
1½ EL gehackter Schnittlauch

Italienisches Dressing
2 TL Dijonsenf
2 EL Apfelessig
3 EL Olivenöl
1 EL neutrales Öl
2 TL Zucker
2 TL gehacktes frisches Basilikum
Salz (nach Geschmack)

Alle Zutaten, die vor dem Öl aufgeführt sind, in der aufgezählten Reihenfolge in ein kleines Schraubglas (in der Größe eines Marmeladenglases) geben.

Das Glas verschließen und zum Mischen gründlich schütteln.

Das Öl zugießen, das Glas wieder verschließen und erneut schütteln, um eine gute Emulsion herzustellen.

Die restlichen Zutaten, die nach dem Öl genannt sind, dazugeben und mit einem kleinen Löffel untermischen.

Die Salatsoße hält sich im verschlossenen Schraubglas im Kühlschrank 4 Tage.

Panzanella

Bei diesem italienischen Brotsalat wird hartes Brot in Form leckerer Croûtons verwertet. Geeignet als Vorspeise oder nahrhafte Beilage.

max. **1 €** max. **30 min**

Für 4 Personen:

5 schöne Tomaten
½ Zwiebel
1 grüne Paprikaschote
½ Gurke
2 große Scheiben altes Brot
Olivenöl
Salz, Pfeffer
beliebiger Essig
einige Stängel Basilikum

Die Tomaten vierteln. Die Zwiebel schälen und in dünne Scheiben schneiden. Die Paprikaschote entkernen und in mittelgroße Stücke schneiden. Die Gurke schälen und würfeln.

Das Brot in Würfel schneiden (falls Sie keines haben, rösten Sie frische Brotwürfel ohne Öl) und in eine Schale geben. Mit etwas Olivenöl begießen. Salzen, pfeffern und mischen.

In einer Schüssel Gemüse und Brotstückchen mischen. 1 Schuss Olivenöl und Essig dazugeben, salzen und pfeffern. Basilikum klein schneiden und hinzufügen. Gut mischen.

1 Stunde vor dem Servieren kalt stellen, damit das Brot etwas weich wird, wenn es die Gemüsesäfte aufnimmt. Innerhalb von 24 Stunden verzehren. Der Essig »gart« das Gemüse, daher schmeckt der Salat nicht mehr so lecker, wenn er 1 Tag mariniert hat.

Variante

Um aus diesem Salat eine komplette Mahlzeit zu machen, kann er um gekochte weiße oder rosa Bohnen ergänzt werden. Für eine weitere überaus leckere Version: 100–200 g gewürfelte Wassermelone untermischen, garantiert ein Erfolg!

Bulgursalat mit gebratenem Grüngemüse und Minze

Für einen ausgewogenen Speiseplan ist es ein guter Trick, Getreide mit Gemüse zu kombinieren. So werden Salate nahrhafter und zu einer richtigen Mahlzeit und die Beilagen sind reich an Vitaminen, Ballaststoffen und Mineralstoffen. Bei diesem Rezept konzentrieren wir uns auf grünes Gemüse und ein leckeres Dressing mit Minze.

max. 1 € | max. 30 min | max. 5 Zutaten

Für 4 Personen:

250 g Bulgur
1 kleiner Brokkoli (in Röschen zerteilt)
150 g TK-Erbsen
1 TL + 1 EL Olivenöl
2 EL gehackte Minze
1 EL Zitronensaft
½ TL Salz (oder mehr, je nach Geschmack)

Den Bulgur in einem Topf mit Wasser kochen, bis er gerade weich wird. Mit kaltem Wasser abspülen, um den Kochvorgang zu stoppen. Gut abtropfen lassen.

Den Brokkoli und die Erbsen 2 Minuten blanchieren. Damit der Brokkoli besonders lecker schmeckt, brät man ihn ein paar Minuten mit 1 TL Olivenöl an.

In einer Schüssel den Bulgur mit dem Gemüse mischen. Minze, Zitronensaft, 1 EL Olivenöl und Salz dazugeben. Alles vermengen und falls nötig nachwürzen. Im Kühlschrank aufbewahren und innerhalb von 3 Tagen verbrauchen.

Varianten

Der Brokkoli und die Erbsen können durch anderes Grüngemüse ersetzt werden, wie grüne Bohnen oder Zucchini. Probieren Sie im Sommer auch eine Version mit rotem Gemüse aus: Tomaten, rote Paprikaschoten und gewürfelte Wassermelone harmonieren wunderbar mit der Minze.

Hauptgerichte und Beilagen

Penne mit Kürbissahne

Als Alternative zur Tomatensoße eignet sich im Winter besonders gut eine Kürbissahne. Wohltuend und lecker ist dies das ideale, unkomplizierte Rezept für Abende, an denen man nicht viel Zeit zum Kochen hat.

max. **1 €**   max. **30** min   max. **5** Zutaten

Für 4 Personen:

500 g Kürbis (geschält; oder Hokkaido, der nicht geschält werden muss)
200 ml Pflanzensahne
1 TL Salz
Pfeffer
1 Knoblauchzehe (geschält und entkeimt)
Saft von ½ Zitrone
500 g Penne rigate

Den Kürbis in mittelgroße Würfel schneiden und diese in einem großen Topf in kochendem Wasser butterweich kochen.

Den Kürbis abtropfen lassen und wieder in den Topf geben.

Pflanzensahne, Salz, Pfeffer, Knoblauch und Zitronensaft dazugeben.

Zu einer schönen glatten Creme pürieren. Beiseitestellen.

Die Penne nach Packungsanweisung kochen und abtropfen lassen.

Die Pasta zusammen mit der Kürbissahne in einen großen Topf geben und gründlich mischen. Bei mäßiger Hitze 1 Minute zusammen erhitzen.

Falls nötig nachwürzen und sofort servieren.

Tipp
Zu dieser Pasta können Sie zusätzlich geröstetes Gemüse, pflanzliche Bratlinge oder gebratenen Tofu servieren, so wird eine reichhaltigere Mahlzeit daraus.

Varianten
Für eine »Käse-Version« geben Sie vor dem Mixen etwas Malz- oder Bierhefe zur Sahne. Weitere Variante: Kräuter wie frischen Koriander oder Thymian in die Sahne geben.

Reiseintopf à la Ratatouille

Die Eintopf-Methode, bei der alles in einem einzigen Gefäß gekocht wird, spart bei langsam geköchelten Gerichten Zeit. Reis ist dafür sehr gut geeignet und erhält dank Gemüse und Gewürzen ein delikates Aroma.

Für 4–6 Personen:

1 Zwiebel
1 kleine Aubergine
1 rote Paprikaschote (entkernt)
1 Zucchini
3 Tomaten
3 EL Olivenöl
1 TL Kräuter der Provence
Salz, Pfeffer
250 g Langkornreis
500 ml heißes Wasser

Die Zwiebel schälen. Mit den anderen Gemüsesorten in Würfel schneiden.

In einer Schmorpfanne oder einem Topf das Olivenöl stark erhitzen. Auberginen-, Paprika- und Zwiebelwürfel dazugeben und mischen. 1 Minute anbraten, dann die Temperatur auf mittlere Hitze reduzieren und 5 Minuten unter regelmäßigem Rühren weitergaren, bis das Gemüse beginnt, schön weich zu werden.

Zucchini, Tomaten und die Kräuter der Provence dazugeben, salzen und pfeffern, gut mischen und zudecken. Weiterköcheln lassen, dabei von Zeit zu Zeit umrühren, bis ein auf der Zunge zergehendes Ratatouille entstanden ist.

Den Reis unter das Ratatouille mischen und 1 Minute mitgaren, bis er durchsichtig wird. Das heiße Wasser zugießen, mischen und den Topf wieder zudecken. Bei mittlerer Hitze regelmäßig umrühren, bis der Reis gar ist. Gegen Ende der Garzeit kann der Deckel abgenommen werden. Sofort servieren (dieses Gericht kann auch gut aufgewärmt werden).

Tipp

Sie haben noch einen gekochten Reisrest, der etwas trocken ist? Geben Sie ihn in dieses Ratatouille und sparen Sie dadurch Zeit.

Lasagne

Ein Klassiker der familientauglichen Küche, der mit kleinem Budget in einer schnellen und einfachen Version zubereitet werden kann.

Für 4 Personen:

1 Packung Lasagneblätter (ohne Ei)

Für die Champignon-Bolognese:

1 mittelgroße Karotte

1 Zwiebel

1 Selleriestange

250 g Champignons

3 EL Olivenöl

4 EL Sojasoße

2 Dosen stückige Tomaten

Pfeffer

Für die schnelle Béchamelsoße:

35 g Maisstärke

600 ml Sojamilch

2 EL neutrales Öl

Salz, Pfeffer

etwas Muskatnuss (Pulver oder frisch gerieben)

Den Backofen auf 180 °C vorheizen.

Für die Bolognese Karotte und Zwiebel schälen, mit Sellerie und Pilzen in sehr dünne Scheiben schneiden. Das Olivenöl bei mittlerer bis starker Hitze in einer Schmorpfanne erhitzen. Das Gemüse dazugeben, mischen und einige Minuten anbraten, bis es weich wird. Sojasoße und Tomaten zugeben, pfeffern und gut mischen.

10 Minuten bei mittlerer bis schwacher Hitze köcheln lassen. (Sie können die Soße auch bei schwacher Hitze länger köcheln lassen, wodurch sie noch besser wird. In diesem Fall den Topf schließen.) Die Bolognese kurz pürieren, wenn Sie eine leicht körnige Konsistenz ohne Stückchen bevorzugen.

Für die Béchamelsoße Stärke, Sojamilch und Öl mit einem Schneebesen in einem mittelgroßen Topf verrühren. Salzen, pfeffern und Muskatnuss dazugeben. Bei starker Hitze unter ständigem Rühren mit einem Holzlöffel kochen, bis die Soße eindickt.

In einer ofenfesten Form abwechselnd Champignon-Bolognese, Béchamelsoße und Lasagneblätter einschichten. Mit einer Schicht Béchamelsoße abschließen. Im Backofen bei 180 °C 30–40 Minuten backen.

Varianten

Für eine gehaltvollere Bolognese-Soße geben Sie gekochte, mit der Gabel zerdrückte Linsen hinzu, bevor Sie die Sojasoße untermischen.
1 Glas Rotwein verleiht dem Gemüse ein feines Aroma.

Geröstete Karotten mit Thymian, Kreuzkümmel und Joghurtsoße

Eine besonders leckere Art der Zubereitung von Karotten, wenn man einmal Lust auf etwas anderes hat. Auch perfekt für Gäste oder für eine schnelle Mahlzeit unter der Woche, denn das Rezept verlangt wenig Vorbereitung.

Für 4 Personen:

600 g mittelgroße Karotten
1 TL getrockneter Thymian
2 TL Kreuzkümmelsamen (alternativ: 1 TL gemahlener Kreuzkümmel)
Salz, Pfeffer
Olivenöl

Für die Joghurtsoße:

2 Sojajoghurts natur
½ TL Salz
Pfeffer
1 Knoblauchzehe (geschält, entkeimt und geviertelt)

Die Karotten schälen, falls es keine Bio-Ware ist. Der Länge nach vierteln.

Die Karotten auf ein mit Backpapier ausgelegtes Backblech oder in eine große ofenfeste Form legen. Die Gewürze und 1 Schuss Olivenöl dazugeben. Mit den Händen mischen, um das Öl und die Gewürze gut zu verteilen und die Karotten auf Abstand zu legen.

Im Backofen bei 170 °C rösten, bis die Karotten goldbraun und schön weich sind (etwa 25 Minuten). Nach Geschmack salzen und pfeffern.

Die Joghurts in der Schüssel des Stabmixers mit Salz, Pfeffer und Knoblauch pürieren. Sie können die Zutaten auch einfach in einer Schale mischen, wenn Sie den Knoblauch durch die Knoblauchpresse drücken.

Varianten

Nach demselben Verfahren lässt sich auch anderes Wurzelgemüse rösten (wie Rüben oder Pastinaken). Auch Kürbis eignet sich für diese Zubereitungsart perfekt.
Bei den Gewürzen können Sie ebenfalls variieren: Curry, Persillade, Kräuter der Provence, geräuchertes Paprikapulver …

Gefüllte Tomaten

Normalerweise bereite ich gefüllte Tomaten mit Tofu zu. Für eine preisgünstigere Variante kann man eine sehr leckere Füllung aus weißen Bohnen und Bulgur herstellen; die Gewürze bleiben gleich.

Für 4–6 Personen:

1 EL Olivenöl
250 g gekochte weiße Bohnen (1 kleine Dose)
2 große Knoblauchzehen
⅓ TL Salz
Pfeffer
3 EL gehackte Petersilie
1 kleine Schüssel gekochter Bulgur
6 große runde Tomaten
Olivenöl zum Bepinseln

In einer kleinen Pfanne bei starker Hitze das Olivenöl erhitzen. Bohnen gründlich abspülen und abtropfen lassen, dann 2 Minuten im Öl anbraten. Den Knoblauch schälen und entkeimen. Durch die Knoblauchpresse gedrückt oder in dünne Scheiben geschnitten zu den Bohnen geben. Gut mischen. In eine große Schüssel füllen. Salzen und pfeffern, Petersilie und Bulgur gründlich untermischen.

Von den Tomaten jeweils einen Deckel abschneiden. Die Tomaten mit einem Löffel aushöhlen (das Fruchtfleisch für ein anderes Rezept aufheben, z. B. für eine Suppe oder Soße).

Die Tomaten mit der Bohnen-Bulgur-Mischung füllen, dabei die Füllung gut hineindrücken. Die gefüllten Tomaten in eine ofenfeste Form stellen und ihre Deckel wieder aufsetzen. Die Tomaten mit etwas Olivenöl einpinseln, salzen und pfeffern. ½ Glas Wasser auf den Boden der Form gießen.

Im Backofen bei 170 °C 30 Minuten backen. Heiß genießen.

Variante

Dies ist eines von den Rezepten, die man auch gut mit Resten zubereiten kann. Couscous, Reis oder anderes Getreide kann den Bulgur problemlos ersetzen.

Einfache vegane Würstchen

Die meisten Rezepte für vegane Würstchen basieren auf Glutenpulver, das man nur selten im Supermarkt bekommt. Hier nun eine sehr wohlschmeckende Version mit vielen Hülsenfrüchten und ohne komplizierte Zutat.

max. 1 €

Für 6 Würstchen:

150 g Champignons
2 Knoblauchzehen
1 EL Olivenöl
2 EL Petersilie
150 g gekochte weiße oder rote Bohnen (abgetropft)
125 g Rundkornreis
2 EL Sojasoße
150 g Mehl
1 ½ TL getrockneter Thymian
neutrales Öl zum Einpinseln

Die Pilze ohne Stiele in dünne Scheiben schneiden. Den Knoblauch schälen und entkeimen. Entweder durch die Knoblauchpresse drücken oder in dünne Scheiben schneiden.

In einer Schwenkpfanne das Olivenöl stark erhitzen und die Champignons einige Minuten darin anbraten. Knoblauch, Petersilie, Bohnen und Reis dazugeben und gründlich mischen. 2 Minuten braten. Die Sojasoße zugießen und den Herd ausschalten.

Diese Masse in die Schüssel des Stabmixers oder einer Küchenmaschine füllen und zu einer leicht körnigen Konsistenz pürieren. Zusammen mit Mehl und Thymian in eine kleine Schüssel geben und mit einem Löffel vermischen. Den entstandenen Teig ein paar Minuten kneten. Den Teig in 6 gleiche Portionen teilen.

Ein Backblech mit Backpapier auslegen. Mit angefeuchteten Händen auf dem Blech oder zwischen den Händen die Würstchen rollen, anschließend mit Abstand auf das Blech legen, denn sie werden beim Garen größer. Die Würstchen mit Öl einpinseln. Im Backofen bei 150 °C 20 Minuten garen, dabei alle 5 Minuten mit Öl bestreichen. Die Würstchen können sofort gegessen werden. Noch besser werden sie jedoch, nachdem sie eine Nacht im Kühlschrank lagen. Sie können in der Pfanne aufgewärmt werden. Innerhalb von 3 Tagen aufbrauchen.

Varianten

Noch schmackhafter werden die Würstchen mit etwas geräuchertem Paprikapulver oder Zwiebelgrieß. Die Bohnen können durch Linsen oder Kichererbsen ersetzt werden. Den Thymian können Sie durch Salbei ersetzen, die Petersilie durch Schnittlauch.

Gemüsereis

Dieser Reis ist so einfach zuzubereiten wie lecker. Er passt als Beilage zu indisch inspirierten Gerichten oder wird sich seinen Platz beim Büfett und in großen Tafelrunden bei Familienessen oder im Freundeskreis erobern.

Für 4 Personen:

1 Karotte
1 rote Paprikaschote (entkernt)
2 Selleriestangen
1 ½ Gläser Reis (nach Möglichkeit Basmati)
2 EL neutrales Öl
1 EL gemahlener Koriander
½ TL Currypulver
Salz, Pfeffer

Die Karotte schälen und in kleine Würfel schneiden. Paprika und Sellerie in dünne Streifen schneiden.

Den Reis nach Ihrer bevorzugten Methode kochen. Sobald er gekocht ist, zugedeckt beiseitestellen.

In einer Schwenkpfanne das Öl stark erhitzen und die Gewürze dazugeben.

Das Gemüse dazugeben und gründlich mischen. 1 Minute bei starker Hitze anbraten, anschließend bei mittlerer Hitze 5 Minuten unter regelmäßigem Rühren weitergaren.

Den gekochten Reis gründlich unterrühren, sodass alles von den Gewürzen eingefärbt wird.

Nach Geschmack salzen und pfeffern und 5 Minuten unter regelmäßigem Rühren weitergaren.

Heiß servieren, der Reis schmeckt aber auch kalt.

Wenn das Budget es zulässt

Noch leckerer wird der Reis mit folgenden zusätzlichen Zutaten: 1 Handvoll Rosinen, Mandelblättchen oder gehackten Mandeln, frischem Koriander, Limonenvierteln zum Auspressen.

Gerösteter Blumenkohl

Um Blumenkohl nicht immer in Wasser zu kochen, probieren Sie einmal diesen schmackhaften, im Backofen gerösteten Blumenkohl. Diese Zubereitungsart hat den Vorteil, nicht viel Vorbereitung zu benötigen und viele Varianten zuzulassen.

Für 3–4 Personen:

1 mittelgroßer Blumenkohl
2 EL neutrales Öl oder Olivenöl
1 EL Sojasoße
2 TL gemahlener Koriander
1 TL getrockneter Thymian
Pfeffer

Den Blumenkohl in mittelgroße Röschen zerteilen (nicht zu klein, sie schrumpfen beim Rösten). In einer kleinen Schale Öl, Sojasoße, Koriander und Thymian mischen.

Die Blumenkohlröschen auf einem mit Backpapier ausgelegten Backblech verteilen und mit der aromatisierten Ölmischung bestreichen. Sie können sie ohne Weiteres mit den (natürlich sauberen!) Händen mischen, um das Öl gut zu verteilen. Großzügig pfeffern.

Im Backofen bei 170 °C 30–35 Minuten rösten; die Röschen sollen goldbraun und weich sein.

Varianten

Nach diesem Prinzip lassen sich viele Varianten ausprobieren: gerösteter Blumenkohl mit Curry, Knoblauch und feinen Kräutern, Tandoori; bestrichen mit einer Mischung aus Sirup, Senf und Sojasoße oder sogar mit einer Soße nach Teriyaki-Art.

Mujaddara

Dieses libanesische Rezept für einen Reis mit Linsen ist wunderbar. Mit den leckeren Gewürzen und den karamellisierten Zwiebeln verwandelt sich dieses einfache Gericht in einen Wirbelwind des Wohlgeschmacks. Ich stelle Ihnen hier eine vereinfachte Version vor, die ultraeinfach zuzubereiten ist.

max. 1 € — max. 30 min

Für 4 Personen:

Für den Reis mit Linsen:

150 g Linsen
250 g Langkornreis
2 EL Olivenöl
1 TL gemahlener Kreuzkümmel
1 TL gemahlener Koriander
1 TL gemahlener Zimt
1 TL gemahlene Kurkuma (nach Belieben)
Salz, Pfeffer

Für die Zwiebeln:

2 Zwiebeln
neutrales Öl
1 Schale Joghurtsoße (siehe S. 134)

In einem Topf mit Wasser die Linsen kochen. Sie sollen schön fest bleiben. Abgießen, abspülen und beiseitestellen. Den Reis in einem feinmaschigen Sieb spülen und mit der doppelten Menge Wasser in einem Topf kochen.

Die Zwiebeln schälen und in dünne Scheiben schneiden. In einer kleinen Pfanne den Boden mit neutralem Öl bedecken und dieses stark erhitzen. Die Zwiebeln in die Pfanne geben und gut mischen. Sobald die Zwiebeln zu bräunen beginnen, auf mittlere Hitze herunterschalten. Weitergaren, bis die Zwiebeln gut gebräunt sind. Beiseitestellen.

In einer hochwandigen Pfanne das Olivenöl bei mittlerer bis starker Hitze erhitzen, alle Gewürze und den Reis dazugeben. Die Linsen hinzufügen, vermengen und einige Minuten anbraten, damit alles goldbraun wird und die Aromen sich entwickeln. Nach Geschmack würzen. Auf einer Platte anrichten und mit den Zwiebeln garnieren. Mit der Joghurtsoße servieren.

Wenn das Budget es zulässt

Geben Sie etwas klein geschnittenen frischen Koriander dazu und servieren Sie zu dem Reis einige Zitronenviertel zum Auspressen für eine köstliche säuerliche Note.

Chili aus zweierlei Bohnen

Eine Variation zum Thema »Chili sin carne«, die nicht weniger wohltuend ist. Dieses nahrhafte und aromatische Gericht wird einfach so genossen oder mit Reis, Pflanzensahne oder Joghurtsoße und Zitronenvierteln.

max. **30** min

Für 4 Personen:

2 Knoblauchzehen
1 Zwiebel
2 Paprikaschoten
2 EL neutrales Öl
3 TL gemahlener Koriander
3 TL gemahlener Kreuzkümmel
2 TL Paprikapulver (bei Bedarf geräuchert)
1 kleine Dose rote Bohnen
1 kleine Dose weiße Bohnen
1 TL getrockneter Oregano (oder Kräuter der Provence)
2 Prisen Chilipulver (nach Belieben)
schwarzer Pfeffer
1 kleine Dose Maiskörner
1 große Dose geschälte Tomaten
1 kleine Dose Tomatenpulpe
4–5 EL Sojasoße

Knoblauch und Zwiebel schälen, die Paprikaschoten entkernen. Alles klein schneiden.

In einer Schwenkpfanne das Öl stark erhitzen. Koriander, Kreuzkümmel und Paprikapulver dazugeben. Knoblauch, Zwiebeln und Paprikastückchen hinzufügen und mischen. Einige Minuten anbraten. Bohnen abspülen und abtropfen lassen. Wenn die Paprika-Mischung zu bräunen beginnt, die Bohnen hinzufügen. Oregano und Chili dazugeben und großzügig pfeffern.

Gründlich mischen, ein paar Minuten weiterbraten, dann die Maiskörner dazugeben. 2 Minuten unter Rühren garen. (Den Herd, falls nötig, auf mittlere Temperatur herunterschalten, damit nichts am Boden ansetzt.)

Die geschälten Tomaten mit Saft dazugeben (die ganzen Tomaten zerdrücken) sowie Tomatenpulpe und Sojasoße. 10 Minuten köcheln lassen.

Heiß servieren. Das Chili kann eingefroren werden. Sonst im Kühlschrank aufbewahren und innerhalb von 4 Tagen aufbrauchen.

Wie können Reste des Chilis verwendet werden?

Bereiten Sie Chili-Käse-Pommes zu (Pommes frites, veganer Schmelzkäse und Chili, etwa so wie die kanadische Spezialität »Poutine«), nehmen Sie es als Garnitur für einen Teller Nachos, machen Sie Burritos und mischen Sie das Chili dafür mit Reis, oder bereiten Sie mit einem Mürbeteig oder Pizzateig Teigtaschen mit Chili-Füllung zu.

Kartoffelgratin

Ein Klassiker der französischen Küche, der sich perfekt für die vegane Ernährung eignet, indem einfach Milch und Sahne durch vegane Alternativen ersetzt werden. So bekommt man ein leckeres traditionelles Gericht – und die Kosten dafür halten sich in Grenzen.

Für 4 Personen:

1 kg festkochende Kartoffeln
neutrales Öl
1 Knoblauchzehe
Salz
Muskatnuss (gemahlen oder frisch gerieben)
300 ml Sojamilch
400 ml Sojasahne
Pfeffer

Die Kartoffeln schälen und waschen. Mit einem (großen) Messer oder einem Gemüsehobel in dünne Scheiben schneiden und beiseitestellen (keinesfalls erneut waschen). Eine ofenfeste Form ölen. Die Knoblauchzehe halbieren und damit die Form vollständig ausreiben. Diesen Vorgang gern auch zwei- oder dreimal wiederholen, dafür die Zehe erneut aufschneiden.

In der gesamten Form eine Schicht Kartoffelscheiben verteilen, dann salzen und mit Muskatnuss bestreuen. Den Vorgang wiederholen, bis die Kartoffeln aufgebraucht sind.

In einer Schüssel Sojamilch und Sojasahne mischen, salzen und etwas pfeffern. Sorgfältig über die Kartoffeln gießen: Alle Scheiben müssen bedeckt sein.

Im Backofen bei 150 °C gut 1 Stunde backen. Das Gratin soll goldbraun werden und ein spitzes Messer muss sich problemlos in die Kartoffeln stechen lassen.

Varianten

Diesem Gratin kann auch Gemüse wie Kürbis, Süßkartoffeln oder auch Zwiebeln hinzugefügt werden. Zwar ist es dann kein Gratin dauphinois mehr, aber köstlich!

Smashed Potatoes, Erbsenpüree und Joghurtsoße

Wer die klassische Küche liebt, wird die Vorstellung vielleicht etwas merkwürdig finden, zerdrückte Kartoffeln zu backen. Aber dieses aus Nordamerika stammende Rezept zugleich knuspriger und butterweicher Kartoffeln wird mit seinen einfachen und überzeugenden Geschmacksrichtungen jeden Gaumen betören.

Für 3–4 Personen:

Für die Smashed Potatoes:

12 kleine bis mittelgroße Kartoffeln
neutrales Öl
Salz, Pfeffer
Paprikapulver (nach Belieben und bei Bedarf geräuchert)

Für das Erbsenpüree:

200 g Erbsen
1 EL gehackter frischer Koriander
2 EL Sojasahne
1 Knoblauchzehe
Salz
1 Schale Joghurtsoße
(siehe S. 134)

Die Kartoffeln gründlich waschen und in einem Topf mit Wasser kochen. Sie sollen noch etwas fest bleiben. Abgießen und auf ein mit Backpapier ausgelegtes Backblech legen.

Mit einer manuellen Kartoffelpresse oder einem Glas leicht zerdrücken. Die Kartoffeln mit etwas Öl einpinseln. Salzen und pfeffern und nach Belieben auf jede Kartoffel 1 Prise Paprikapulver streuen. Im Backofen bei 170 °C backen, bis die Kartoffeln an den Rändern goldbraun und knusprig sind (etwa 10–15 Minuten).

Die Zutaten für das Erbsenpüree in die Schüssel des Stabmixers geben und pürieren.

Die Kartoffeln aus dem Ofen nehmen und servieren, mit 1 EL Erbsenpüree und 1 TL Joghurtsoße garnieren. Sofort genießen.

Varianten

Sie können das Erbsenpüree auch ersetzen, z. B. durch Hummus, Chili, eine Käsesoße und geräucherten Tofu oder gebratene Champignons.

Geröstete Kichererbsen

Diese knusprigen und aromatischen Kichererbsen knabbert man zum Aperitif, sie eignen sich als Beilage zu einem Gericht mit Soße oder als Topping auf einem Püree oder einer Suppe. Sollten Sie annehmen, Kichererbsen nicht zu mögen, ist dies hier das Rezept schlechthin, um Sie vom Gegenteil zu überzeugen.

Für 4–6 Personen:

800 g gekochte Kichererbsen (1 große oder 2 kleine Dosen)
1 TL gemahlener Kreuzkümmel
1 TL gemahlener Koriander
½ TL Currypulver
1 TL getrockneter Thymian
2 EL Olivenöl
½ TL Salz

Die Kichererbsen gründlich spülen und abtropfen lassen, dann auf ein mit Backpapier ausgelegtes Backblech oder in eine große ofenfeste Form schütten.

In einer kleinen Schale die Gewürze und Kräuter mit Öl und Salz mischen. Das Würzöl über die Kichererbsen geben und alles mit den Händen gründlich vermischen.

Im Backofen bei 170 °C rösten, bis die Kichererbsen die gewünschte Konsistenz haben (mehr oder weniger knusprig).

Tipp

Notieren Sie sich die ideale Röstzeit für Ihren Backofen und die von Ihnen gewünschte Konsistenz am Rand dieses Rezepts oder mit einem kleinen Lesezeichen.

Varianten

Im Grunde sind die Varianten für dieses Rezept endlos. Tandoori-Kichererbsen, Kichererbsen Teriyaki, mit Knoblauch und Petersilie, mit Ras el-Hanout – alles ist erlaubt! Geben Sie Ihren Vorlieben nach oder verwenden Sie, was gerade vorrätig ist.

Parmentier mit Linsen und Pilzen

Ohne Fleisch, aber dennoch mit viel Geschmack und vielen Proteinen! Dieser pflanzliche Kartoffel-Hack-Auflauf hält, was er verspricht – mit einer leckeren Füllung und einem rustikalen hausgemachten Püree. Herzhafter geht es nicht!

Für 4 Personen:

Für das Püree:

1,2 kg mehligkochende Kartoffeln (z. B. Agata)

125 ml Pflanzensahne

2 EL neutrales Öl + etwas mehr zum Bräunen

Salz, Pfeffer

Muskatnuss (gemahlen oder frisch gerieben)

Für die Füllung:

1 große Knoblauchzehe

1 große Zwiebel

1 Karotte

200 g beliebige Pilze

2 EL Olivenöl oder neutrales Öl

250 g gekochte Linsen

250 ml Gemüsebrühe

Salz, Pfeffer

Die Kartoffeln schälen, in mittelgroße Stücke schneiden und in einem Topf mit Wasser butterweich kochen. Abgießen und wieder in den noch heißen Topf füllen. Mit einer manuellen Kartoffelpresse zerdrücken. Sahne, Öl, Salz, Pfeffer und Muskatnuss dazugeben. Mit einem Schneebesen gründlich zu einem cremigen Püree rühren.

Für die Füllung die Knoblauchzehe schälen und entkeimen. Durch die Knoblauchpresse drücken oder in dünne Scheiben schneiden. Zwiebel und Karotte schälen. Die Pilze putzen. Zwiebel, Karotte und Pilze in dünne Scheiben schneiden.

In einer hochwandigen oder großen Pfanne das Olivenöl stark erhitzen. Die Gemüse-Mischung darin einige Minuten anbraten. Knoblauch und Linsen dazugeben und alles gut vermischen. 1–2 Minuten anbraten, dann die Gemüsebrühe zugießen. Im Auge behalten und bei Bedarf auf mittlere Hitze herunterschalten. Wenn die Brühe aufgenommen wurde, soll die Füllung butterweich sein. Nach Geschmack salzen und pfeffern (dabei berücksichtigen, dass die Gemüsebrühe bereits salzig ist). Für eine feinere Konsistenz die Füllung (in der Schüssel des Mixers) in Intervallschaltung kurz pürieren.

Die Füllung in eine Auflaufform geben, festdrücken und mit dem Kartoffelpüree bedecken. Die Oberfläche mit einer Gabel oder einem Löffel glatt streichen und mit Öl einpinseln.

Im Backofen bei 180 °C 20 Minuten backen.

Vegane Hacksteaks

Industriell gefertigte vegane Hacksteaks sind meist recht teuer und was die Nährstoffe betrifft oft nicht sehr ausgewogen. Ganz anders diese proteinreichen hausgemachten Steaks, die mit preiswerten und gesunden Zutaten zubereitet werden. Bonus: Sie sind auch noch äußerst einfach zuzubereiten und verlangen nur 5 Zutaten.

Für 4 Hacksteaks:

125 ml Reis
250 ml Wasser
150 g gekochte rote Bohnen
1 Zwiebel
1 EL neutrales Öl
3 EL Sojasoße
100 g Semmelbrösel
neutrales Öl zum Braten

Reis und Wasser in einen kleinen Topf geben. Zugedeckt kochen, bis der Reis butterweich ist. Die roten Bohnen spülen und abtropfen lassen. Die Zwiebel schälen und in dünne Scheiben schneiden. In einer kleinen Pfanne das Öl erhitzen, die Zwiebeln darin unter regelmäßigem Rühren bräunen. Beiseitestellen.

Reis, rote Bohnen, Zwiebel und Sojasoße in die Schüssel der Küchenmaschine geben. Mit der S-Klinge zu einer groben, leicht stückigen Masse verarbeiten. In eine kleine Schüssel umfüllen und die Semmelbrösel dazugeben. Mischen und 15 Minuten ruhen lassen, sodass die Semmelbrösel quellen können. Die Masse soll ziemlich fest sein; falls sie zu weich ist, noch etwas mehr Semmelbrösel dazugeben (vor dem Braten dann erneut ruhen lassen).

Mit angefeuchteten Händen die Masse zu 4 Kugeln formen und diese flach drücken. Die Hacksteaks in einer mittelgroßen Pfanne bei starker Hitze einige Minuten von jeder Seite in Öl braten.

Tipps

Die Hacksteaks können ohne Beilage (sie enthalten bereits Getreide und Hülsenfrüchte) oder mit Gemüse gegessen werden. Sie eignen sich auch perfekt zur Zubereitung hausgemachter veganer Burger.

Varianten

Mit diesem Rezept lassen sich ebenso gut vegane Bouletten anstelle von Hacksteaks zubereiten. Noch geschmackvoller werden sie mit etwas Knoblauchpaste, geräuchertem Paprikapulver, Kreuzkümmel oder Pfeffer.

Pasta mit Caponata

Um eines klarzustellen: Dieses Rezept enthält viel Gemüse, aber auch viel Olivenöl! Genau dieses gibt nämlich der Caponata seine so köstliche kandierte Note. Dies ist eines meiner Lieblingsrezepte und ich bin sicher, es wird Ihnen ebenso gut schmecken wie mir.

max. 30 min

Für 4–6 Personen:

1 große Aubergine
3 Selleriestangen
1 große Zwiebel
6 schöne Tomaten
2 Knoblauchzehen
Olivenöl
schwarzer Pfeffer
1 Handvoll grüne oder violette Oliven
2 EL Kapern
2 EL Zucker
3 EL Aceto balsamico oder Rotweinessig
Salz
500 g Pasta (z. B. Penne, Rigatoni, kleine Muschelnudeln oder eine andere Pasta, an der die Soße gut haftet)

Die Aubergine in Würfel, die Selleriestangen in dünne Scheiben schneiden und in einer kleinen Schüssel beiseitestellen. Die Zwiebel schälen, die Tomaten bei Bedarf häuten. Beides in Würfel schneiden und ebenfalls beiseitestellen. Knoblauch schälen, entkeimen und zerkleinern.

In einer mittelgroßen Pfanne den Boden großzügig mit Olivenöl bedecken. Das Öl stark erhitzen. Die Auberginenwürfel dazugeben und gut mischen, es soll noch etwas Öl am Boden bleiben. Falls nötig, Öl nachgießen.

Die Auberginen braten, bis sie schön weich sind. Sellerie und Zwiebeln dazugeben. Einige Minuten braten. Großzügig pfeffern. Knoblauch, Oliven und Kapern untermischen, dann Tomaten, Zucker und Essig dazugeben. Rühren, bis die Tomaten reduziert sind und eine Soße bilden. Nach Geschmack salzen.

Die Pasta nach Packungsanleitung kochen, abgießen, mit der Caponata mischen und servieren.

Tipps

Die Caponata können Sie auch kalt essen. Reste davon ergeben einen perfekten Nudelsalat. Man kann das Rezept auch von vornherein als Salat zubereiten. In diesem Fall die Caponata erkalten lassen und die Pasta nach dem Abgießen unter kaltem Wasser kühlen.

Provenzalische Gemüsetarte

Wer kann einer Tarte mit aromatischem mediterranem Gemüse widerstehen? Mit Thymian und Olivenöl im Teig wird dieses Gericht zum Star Ihrer Sommermahlzeiten.

max. 1 €

Für Für 1 Tarte (Ø 24 cm):

Für den Teig mit Thymian und Olivenöl:

250 g Mehl + etwas mehr für die Arbeitsfläche
½ TL Salz
Pfeffer (nach Geschmack)
½ TL getrockneter Thymian (oder Kräuter der Provence)
4 EL Olivenöl
6 EL Wasser (ungefähr, nach Bedarf)

Für den Teigboden:

1 Sojajoghurt
1 TL neutrales Öl
1 TL Senf
½ TL Kräuter der Provence
Salz, Pfeffer

Für den Belag:

1 Zwiebel
½ Zucchini
½ Aubergine
4 kleine Tomaten
Olivenöl
Salz, Pfeffer
Kräuter der Provence

Mehl, Salz, nach Geschmack Pfeffer und die Kräuter in eine Schüssel geben und vermengen. Öl zugießen, vermischen und mit den Fingerspitzen das Mehl einarbeiten. Dann esslöffelweise das Wasser dazugeben und untermischen, bis eine Kugel geformt werden kann. Die Teigkugel in Frischhaltefolie wickeln und 1 Stunde in den Kühlschrank legen.

In einer Schale den Joghurt mit Öl, Senf und den Kräutern verrühren und nach Geschmack würzen.

Die Zwiebel schälen. Das Gemüse zu Halbkreisen schneiden und beiseitestellen.

Den Teig auf einer bemehlten Fläche ausrollen und eine Tarteform damit auslegen. Den Boden mit einer Gabel einstechen und 5 Minuten bei 160 °C vorbacken. Die Joghurtmischung auf dem Teig verstreichen, anschließend das Gemüse abwechselnd einschichten. Jede Gemüseschicht mit Olivenöl beträufeln, salzen, pfeffern und mit Kräutern der Provence bestreuen. Im Backofen bei 160 °C 45 Minuten backen. Warm oder kalt genießen.

Tipps

Den Teigboden können Sie auch mit einem Rest Tomatensoße bestreichen. Falls der Teig nach dem Vorbacken etwas aufgeweicht ist, bestreuen Sie ihn vor dem Belegen mit etwas feinem Grieß oder Polenta.

Vegane Frikadellen

Diese für jede Gelegenheit perfekten Frikadellen auf der Basis von Auberginen und Linsen werden Ihre Verbündeten als Ergänzung für ein Gericht mit Pasta und Tomatensoße, ein Couscous oder ein Püree mit einer leckeren Soße.

max. 1 €

Für 12–15 Frikadellen:

1 Knoblauchzehe
1 Zwiebel
½ Aubergine
3 EL Olivenöl
100 g gekochte Linsen (gespült und abgetropft)
Pfeffer
2 EL Sojasoße
80 g Semmelbrösel
neutrales Öl

Die Knoblauchzehe schälen und entkeimen. Durch die Knoblauchpresse drücken oder in dünne Scheiben schneiden. Die Zwiebel schälen. Aubergine und Zwiebel in kleine Würfel schneiden.

In einer mittelgroßen Pfanne das Olivenöl stark erhitzen, dann die Auberginen- und Zwiebelwürfel dazugeben. Wenn diese schön weich und goldbraun sind, die Linsen hinzufügen. Großzügig pfeffern. Den Knoblauch und die Sojasoße dazugeben und nochmals nach Geschmack pfeffern. 1 Minute bei mittlerer Hitze braten.

Die Masse in die Schüssel der Küchenmaschine geben und mit der S-Klinge oder einem Stabmixer zu einer körnigen Konsistenz pürieren, die noch winzige Stückchen enthält.

In eine kleine Schüssel umfüllen und die Semmelbrösel dazugeben. Mit einer Gabel mischen und 10–15 Minuten ruhen lassen, damit die Semmelbrösel quellen können.

Mit angefeuchteten Händen Frikadellen formen. Etwas neutrales Öl bei mittlerer bis starker Hitze in einer mittelgroßen Pfanne erhitzen und die Frikadellen darin goldbraun braten. Regelmäßig wenden, damit sie von allen Seiten bräunen und leicht knusprig werden. Heiß servieren. Die Frikadellen können auch aufbewahrt und kalt gegessen werden.

Varianten

Sie können die Aubergine im Herbst durch Pilze ersetzen und im Winter durch Kürbis. Wenn die Frikadellen noch aromatischer werden sollen, können Sie frische Kräuter, Kräuter der Provence oder Gewürze dazugeben. Werden Sie kreativ!

Capellini mit Brokkoli-Pesto

Ein gemüsereiches Pesto mit viel Geschmack. Mit diesem Rezept entdecken Sie Brokkoli von einer neuen Seite und probieren dabei eine Alternative zum klassischen Pesto aus. Capellini gehören zu meinen Lieblingspasta, sie sind dünner als Spaghetti und haben nur 3 Minuten Kochzeit. Dieses Essen steht daher sehr schnell auf dem Tisch.

Für 2 Personen:

1 kleiner Brokkoli
1 Knoblauchzehe (geschält und entkeimt)
4 EL Olivenöl
¼ TL Salz
300 g Capellini

Den Brokkoli in Röschen zerteilen und in einem Topf mit Wasser 1 Minute blanchieren.

Abtropfen lassen und mit Knoblauch, Olivenöl und Salz pürieren.

An einem kühlen Ort beiseitestellen.

Die Capellini in einem großen Topf mit Salzwasser kochen, abtropfen lassen und mit dem Pesto mischen.

Sofort servieren.

Wenn das Budget es zulässt

Geben Sie 1 kleine Handvoll Cashew- oder Pinienkerne zum Pesto. Einen etwas »käseartigeren« Geschmack erreichen Sie mit 1 EL Malz- oder Bierhefe.

Gemüseeintopf mit Curry und Kokosmilch

Ein neu interpretierter Klassiker mit indischer Geschmacksrichtung, dessen Einfachheit alle begeistern wird, die nach einem Rezept suchen, das immer gelingt.

Für 3–4 Personen:

2 Karotten
500 g Kartoffeln
150 g TK-Erbsen
1 große Zwiebel
3 EL neutrales Öl
1 EL Currypulver
1 Dose Kokosmilch (400 ml)
300 ml Wasser
Salz, Pfeffer
1 Zitrone zum Beträufeln (nach Belieben)

Karotten und Kartoffeln schälen und in Würfel schneiden.

Die Erbsen in einer kleinen Schale beiseitestellen. Die Zwiebel schälen und in dünne Scheiben schneiden.

In einem großen Topf das Öl bei mittlerer bis starker Hitze erhitzen, das Currypulver dazugeben. Karotten und Zwiebeln darin 1 Minute anbraten.

Kartoffeln, Kokosmilch, Wasser und Erbsen dazugeben. Nach Geschmack salzen und pfeffern und 10–15 Minuten bei mittlerer Hitze köcheln lassen. Das Gemüse soll gerade weich sein.

Nach Belieben etwas Zitronensaft darüberträufeln.

Tipps

Dieses Gemüsegericht mit Kokosmilch passt perfekt zu Reis, aber auch zu anderem Getreide wie Bulgur, Perlgraupen oder Dinkel. Probieren Sie als Varianten auch andere Geschmacksrichtungen, beispielsweise mit frischem Ingwer, Zitronengras und Chili, als Ersatz für das Currypulver mit Limette – der Erfolg ist garantiert!

Desserts und kleine Leckereien

Apfel-Birnen-Crumble

Ein Crumble, dieser immer noch erfolgreiche Klassiker, ist eines meiner Lieblingsdesserts, das in letzter Minute für ein Essen im Freundeskreis hervorgezaubert werden kann. Sie können ihm zudem problemlos eine persönliche Note geben, indem Sie ihn mit roten Früchten oder anderem Obst der Saison zubereiten.

Für 4 Personen:

3 Birnen
3 Äpfel
3–4 Prisen gemahlener Zimt
175 g Weizenmehl (Type 550)
80 g beliebiger Zucker
2 Prisen Salz
100 g vegane Margarine

Birnen und Äpfel schälen und das Kerngehäuse entfernen. Die Früchte würfelig schneiden und in einer mittelgroßen ofenfesten Form verteilen. Mit 1–2 Prisen Zimt mischen.

Die Früchte etwas zusammendrücken.

In einer kleinen Schüssel Mehl, Zucker und Salz vermengen. Restliches Zimtpulver daruntermischen.

Die Margarine in Würfeln dazugeben und mit den Fingerspitzen zu Streuseln verkneten.

Die Streusel über dem Obst verteilen und im Backofen bei 160 °C etwa 30 Minuten backen, bis die Streusel goldbraun sind.

Wenn das Budget es zulässt

Für noch mehr Geschmack können Sie zu dem Streuselteig 1 Prise Vanillepulver geben. Auch 1–2 EL gemahlene Mandeln oder gemahlene Haselnüsse passen sehr gut zu den Äpfeln und Birnen.

Kleine Kokos-Vanille-Flans

Der Vorteil kleiner hausgemachter Flans? Es fällt kein Verpackungsmüll an, sie sind preiswerter als fertig gekaufte und es können völlig neue Geschmacksmischungen ausprobiert werden. Kurz gesagt, sie haben ausschließlich Vorteile!

max.
1 €

Für 8 kleine Flans:

600 ml Vanille-Pflanzenmilch
2 EL Maisstärke
2 EL Zucker
5 EL Kokosraspeln
2 g Agar-Agar
2 EL neutrales Öl

Die vorgesehenen Förmchen vorbereiten.

Alle Zutaten in einem mittelgroßen Topf mit einem Schneebesen mischen.

Unter ständigem Rühren mit einem Holzlöffel oder flexiblen Spatel stark erhitzen.

Wenn die Mischung zu sieden beginnt, dickt sie durch die Maisstärke ein. Nun 2 Minuten kochen lassen, dabei kräftig rühren, damit nichts am Boden ansetzt.

Sofort in die Förmchen füllen.

Mindestens 3–4 Stunden kalt stellen. Innerhalb von 4 Tagen aufbrauchen.

Varianten

Verwenden Sie aromatisierte Pflanzenmilch wie Haselnuss- oder Mandelmilch. Sie können auch etwas Kakaopulver oder natürliche Aromen zusetzen.

Raffinierter Tipp

Wenn Sie hübsche kleine Puddings aus den Förmchen stürzen möchten, können Sie Formen für Cannelés (kleine Kuchenspezialität aus Bordeaux), für Mini-Gugelhupfe oder auch einfach kleine Gläser verwenden.

Zitronenkuchen

Mit seiner perfekten Textur und seinem göttlichen Zitronengeschmack wird dieser Zitronenkuchen der Star zum Nachmittagstee oder -kaffee. Die supereinfache und säuerliche Glasur verleiht dem Kuchen ein feines Aussehen und eine zusätzliche Gourmet-Note.

Für 1 Kuchen (8 Personen):

100 g Sojajoghurt natur
150 g heller Rohrzucker
1 Päckchen Vanillezucker
60 ml neutrales Öl
Saft und Schale von 1 Bio-Zitrone
75 ml Pflanzenmilch
1 ½ TL Backpulver
200 g Weizenmehl (Type 405)

Für die Glasur:

100 g Puderzucker
1 EL Zitronensaft

Eine Kastenform mit Backpapier auslegen.

In einer Schüssel mit einem Schneebesen den Joghurt mit den Zuckersorten und dem Öl verschlagen. Zitronenschale und -saft und die Pflanzenmilch dazugeben und mischen. Das Backpulver untermischen. Es wird sofort mit dem Zitronensaft reagieren. Nach und nach das Mehl dazugeben, dabei mit dem Schneebesen rühren, um einen glatten Teig ohne Klümpchen zu bekommen.

Den Teig in die vorbereitete Kastenform gießen und im Backofen bei 180 °C 35–40 Minuten backen. Der Kuchen ist fertig, wenn die Kruste oben goldbraun ist und ein spitzes Messer, das in der Mitte eingestochen wird, beim Herausziehen sauber ist.

Den Kuchen abkühlen lassen, dann erst aus der Form nehmen.

Für die Glasur den Puderzucker in einer kleinen Schüssel nach und nach mit dem Zitronensaft verrühren (vielleicht wird nicht die gesamte Menge benötigt), bis eine cremige Glasur erzielt ist, die nicht verläuft.

Die Glasur auf der Oberseite des Kuchens verstreichen und vor dem Anschneiden trocken werden lassen.

> **Tipp**
> In der Schale von Zitrusfrüchten konzentrieren sich viele Pestizide. Bei Rezepten, bei denen Sie die Zesten verwenden müssen, lohnt es sich wirklich, in Bio-Früchte zu investieren.

Lockerer Apfelkuchen

Ein zeitloser Klassiker! Ideal, um Äpfel zu verwerten, die nicht mehr ganz knackig sind oder um in letzter Minute aus dem Stegreif einen Kuchen auf den Tisch zu zaubern. Die knusprige und karamellisierte Kruste verleiht ihm eine unwiderstehliche, rustikale Note.

max.
1 €

Für 6 Personen:

1 Sojajoghurt natur
1 Päckchen Vanillezucker
100 g heller Rohrzucker
60 ml neutrales Öl
1 TL Backpulver
120 g Weizenmehl (Type 405)
60 ml Wasser
2 Äpfel
vegane Margarine oder Öl für die Form
1–2 EL Zucker zum Karamellisieren

In einer kleinen Schüssel mit einem Schneebesen den Sojajoghurt mit Vanillezucker, Rohrzucker und dem Öl verschlagen. Backpulver und Mehl dazugeben und den Teig mit Wasser strecken.

Die Äpfel, falls nötig, schälen, das Kerngehäuse entfernen und die Äpfel in Würfel schneiden. Zum Teig geben und verrühren. Eine Backform (Ø 20 cm) ölen oder mit Margarine einfetten. Den Teig hineingeben.

Die Oberfläche des Kuchens mit Zucker bestreuen.

Im Backofen bei 180 °C 30 Minuten backen. Abkühlen lassen, dann erst aus der Form nehmen. Aus einer Springform lässt sich der Kuchen einfacher herausnehmen.

Tipp

Obst aus konventionellem Anbau sollte besser geschält werden, denn ein Großteil der Pestizide befindet sich in der Schale. Äpfel gehören zu dem Obst, das die meisten Pestizide enthält.

Gebratene Bananen mit Schokosoße und Mandelblättchen

Supereinfach und eine Wucht! Was muss über diesen Klassiker mehr gesagt werden? Ach ja: Er ist ein echter Genuss! Wenn Sie Schokobananen am Kamin lieben, ist dies genau das richtige Dessert für Sie.

Für 4 Personen:

100 g vegane Blockschokolade
6 EL Pflanzenmilch
4 nicht zu reife Bananen
neutrales Öl
1 Handvoll Mandelblättchen

Schokolade und Milch zusammen im Wasserbad erwärmen. Mit dem Schneebesen zu einer leckeren Soße verrühren. Den Herd ausschalten und die Soße im Wasserbad lassen.

Die Bananen schälen und der Länge nach halbieren. Eine große Pfanne leicht ölen und die Bananen darin auf der flachen Seite braten, bis sie gerade zu karamellisieren beginnen.

Auf einem Teller etwas Schokosoße verteilen, 2 gebratene Bananenhälften und einige Mandelblättchen darauf anrichten. Sofort genießen!

Tipp
Dieses Rezept für die Schokosoße können Sie auch für ein veganes Schokoladenfondue verwenden. Verdoppeln Sie in diesem Fall die Mengen und geben Sie etwas mehr Milch dazu, wenn die Konsistenz flüssiger sein soll.

Wenn das Budget es zulässt
Ergänzen Sie das Rezept um 1 Kugel veganes Vanille- oder Cookie-Eis. Sie können die gebratenen Bananen auch mit 1 Stück Schokoladenkuchen servieren.

Hafer-Rosinen-Cookies

Diesen Klassiker der nordamerikanischen Küche gilt es zu entdecken. Mit der Kombination von Haferflocken und Rosinen und einem Hauch Zimt liefern diese Kekse einen wohltuenden Geschmack und eine rustikale Konsistenz, die sie von den üblichen Cookies unterscheiden.

max. **1 €**   max. **30 min**

Für 8 große oder 12 kleine Cookies:

Die trockenen Zutaten:

150 g Weizenmehl (Type 405 oder 550)
½ TL Backnatron
100 g Zucker
¼ TL Zimt
¼ TL Salz

Für den Teig:

80 g Apfelmus ohne Zuckerzusatz
70 g neutrales Öl
100 g Haferflocken
60 g Rosinen

Zum Garnieren:

Rosinen und Haferflocken

In einer kleinen Schüssel die trockenen Zutaten vermischen. In einer anderen kleinen Schüssel Apfelmus mit Öl vermengen, um eine gute Emulsion herzustellen. Zu den trockenen Zutaten gießen und gründlich vermengen. Haferflocken und Rosinen einarbeiten.

Ein Backblech mit Backpapier auslegen. Um die Kekse zu formen, etwas Teig nehmen und zu einer Kugel kneten. Zwischen den Händen flach drücken und auf das Backblech legen. Mit dieser Teigmenge erhält man 8 große oder 12 kleine Cookies. Für ein gleichmäßiges Backen ist es wichtig, dass alle Cookies dieselbe Größe haben. Die Cookies mit einigen Rosinen und Haferflocken verzieren.

Im Backofen bei 180 °C ca. 8 Minuten backen. Noch 2 Minuten auf dem Blech ruhen lassen. Die Cookies dann auf ein Kuchengitter legen, damit sie außen fest werden. Lauwarm oder kalt genießen. In einer dicht schließenden Dose aufbewahren.

Varianten

Die Rosinen durch dunkle Schokotropfen ersetzen, für Weihnachtsplätzchen Orangenschale dazugeben und grob gehackte Mandeln oder Haselnüsse.

Pannacotta mit einer Soße aus rohen Früchten

Panna cotta gehört zu meinen Grundrezepten für Gäste. Nach einem üppigen Abendessen ist dies ein zugleich leichtes und leckeres Dessert, das immer sehr geschätzt wird, um mit einer süßen Note zu schließen, ohne den Magen zu belasten.

Für 4 Personen:

Für die Pannacotta:

- 1 Päckchen Vanillezucker
- 1 Sojajoghurt natur
- 300 ml beliebige Pflanzenmilch
- 150 ml beliebige Pflanzensahne
- 2 EL heller Rohrzucker
- 1 EL Maisstärke
- 2 TL Agar-Agar-Pulver

Für die Fruchtsoße:

- 100 g frisches Obst (z. B. Erdbeeren, Himbeeren, Mango, Kirschen, Aprikosen)
- 1 TL Zitronensaft (nach Belieben)
- 1 EL Agavensirup oder ein anderer veganer Sirup

Alle Zutaten für die Pannacotta mit einem Schneebesen in einem mittelgroßen Topf vermischen und unter ständigem Rühren zum Sieden bringen. 2 Minuten weiterrühren, dann die Pannacotta in 4 Förmchen oder Dessertgläser verteilen. Mindestens 2 Stunden kalt stellen.

Für die Fruchtsoße das Obst waschen und klein schneiden. Mit dem Zitronensaft und dem Agavensirup mixen und durch ein feinmaschiges Sieb oder Abtropfsieb gießen (wegen der Früchte, die kleine Kerne haben, wie Erdbeeren oder Himbeeren).

Die Soße über die Pannacotta gießen und servieren.

Info

Agar-Agar ist ein Ersatz für Gelatine, wird jedoch nicht in derselben Weise verwendet. Um seine gelierenden Eigenschaften freisetzen zu können, muss es auf über 80 °C erhitzt werden. Am sichersten kann man sein, dass die Zubereitung fest wird, indem man sie zum Sieden bringt und unter Rühren 1–2 Minuten kocht. Agar-Agar geliert beim Abkühlen, daher ist die Ruhezeit im Kühlschrank wichtig. Eine Zubereitung, die mit Agar-Agar zum Gelieren gebracht wurde, ist »spröder« als mit Gelatine, daher gebe ich etwas Stärke dazu, wodurch die Pannacotta eine cremigere Konsistenz behält.

Pochierte Birnen mit Spekulatius und gerösteten Mandeln

Man vergisst es leicht, aber pochierte Birnen sind ein wunderbares Dessert. Sie sind aromatisch und butterweich und ich richte sie gern mit zerkrümeltem Spekulatius und gerösteten Mandeln zu einem aparten und zugleich supereinfachen Winterdessert an.

Für 4 Personen:

4 Birnen
1 Handvoll gehackte Mandeln oder Mandelblättchen
8 Spekulatius

Für den Sirup:

Saft von 1 Zitrone
1 l Wasser
100 g Zucker
1 TL Gewürzmischung für Lebkuchen

In einem Topf die Zutaten für den Sirup mischen und stark erhitzen.

Die Birnen schälen, dabei den Stiel nicht entfernen. Den restlichen Saft aus der für den Sirup verwendeten Zitrone über den Birnen ausdrücken, damit sie nicht oxidieren.

Wenn der Sirup siedet, die Temperatur auf mittelschwache Hitze herunterschalten. Die Birnen in den Sirup tauchen und 15–20 Minuten darin garen/köcheln. Den Herd ausschalten und die Birnen im Sirup erkalten lassen.

In einer kleinen Pfanne die Mandeln bei mittlerer Hitze ohne Fettzugabe rösten. Regelmäßig umrühren, damit sie nicht anbrennen.

Zum Servieren: Auf jedem Teller 2 Spekulatius zerkrümeln, eine pochierte Birne daraufstellen und mit gerösteten Mandeln garnieren.

Varianten

Sie können die Spekulatius durch Schoko- oder Nusskekse ersetzen, die sehr gut mit der Birne harmonieren. Statt Mandeln eignen sich auch gehackte Haselnüsse.

Snickerdoodles

Mit ihrem witzigen Namen bringen diese flaumigen Zimt-Kekse unsere europäischen Gewohnheiten etwas durcheinander, wo trockene Kekse König sind. Wenn Sie diese hier aber erst einmal probiert haben, werden Sie sehen, dass es durchaus lohnend ist, sich hin und wieder durcheinanderbringen zu lassen – vor allem, wenn Sie Zimt mögen.

Für ca. 10 Kekse:

60 g neutrales Öl
125 g heller Rohrzucker
1 Sojajoghurt natur
¼ TL gemahlener Zimt
165 g Weizenmehl (Type 405)

Für den Überzug:

45 g heller Rohrzucker
2 TL gemahlener Zimt

In einer kleinen Schüssel Öl, Zucker und Joghurt mit einem Schneebesen verschlagen. Den Zimt unterrühren, dann nach und nach das Mehl mit einem Spatel untermischen. In einer kleinen Schale Zucker und Zimt für den Überzug mischen.

Ein Backblech mit Backpapier auslegen. 1 EL Teig zu einer Kugel formen und diese in der Zucker-Zimt-Mischung wälzen. Die Kugel etwas flach drücken und auf das Blech legen. Mit dem restlichen Teig ebenso verfahren und die Kekse mit Abstand auf dem Blech verteilen, denn sie verlaufen beim Backen und gehen etwas auf.

Im Backofen bei 180 °C ca. 8–9 Minuten backen. Vor dem Verzehr etwas abkühlen lassen.

Info und Tipp zur Backzeit

Die Backzeiten in diesem Buch sind für meinen Umluftherd optimal. Sie werden sie für Ihren Herd möglicherweise anpassen müssen. Notieren Sie Ihre Backzeiten mit einem Bleistift am Rand der Rezepte. Sollten Sie einmal mit einem anderen Herd arbeiten, können Sie den Vermerk ausradieren und die Zeiten für Ihren neuen Herd notieren.

Clafoutis mit Sauerkirschen

Der Clafoutis meiner Oma väterlicherseits ist eine Kindheitserinnerung, die sich in meinem kulinarischen Gedächtnis eingraviert hat. Der Trick, sich ganzjährig an einem Clafoutis erfreuen zu können, sind Kirschen aus dem Glas!

max.
1 €

Für 4–6 Personen:

100–150 g Mehl

75 g Zucker

2 EL Stärkemehl

250 ml Pflanzensahne

150 ml Sojamilch natur oder mit Vanille

Öl oder vegane Margarine für die Form

1 Glas gezuckerte Sauerkirschen (oder andere Kirschen; abgetropft 350–400 g)

Die Kirschen gut abtropfen lassen.

Mehl, Zucker und Stärke in einer kleinen Schüssel mischen. Für einen saftigen Clafoutis nehmen Sie nur 100 g Mehl, wenn Sie ihn etwas fester bevorzugen, 150 g. Sahne und Milch zugießen und mit einem Schneebesen zur Konsistenz eines Pfannkuchenteigs verrühren.

Eine Form (rechnen Sie damit, dass der Clafoutis 2–3 cm hoch werden soll) ölen oder mit der Margarine einfetten. Die Kirschen in der Form verteilen und den Teig vorsichtig darübergießen. Im Backofen bei 180 °C ca. 25–35 Minuten backen (die Backzeit hängt von der Höhe des Clafoutis und dem Material Ihrer Backform ab).

Vor dem Verzehr etwas abkühlen lassen. Kühl aufbewahren und in den folgenden Tagen aufessen (falls der Clafoutis den Tag überhaupt übersteht!).

Varianten

Nach diesem Rezept können Sie den Clafoutis mit anderen in gezuckertem Saft gekochten Früchten zubereiten, z. B. mit Pfirsichen und Aprikosen oder mit frischem Obst der Saison.

Bratäpfel mit Zimtstreuseln

Als ich ein Kind war, gab es häufig Bratäpfel als Nachspeise. Sie waren nicht nur preiswert und einfach zuzubereiten, sondern auch ein Genuss mit ihrer leicht karamellisierten Schale und dem leckeren Saft. Hier ergänze ich sie mit einem Belag aus Streuseln als zusätzliche Leckerei.

Für 4 Personen:

4 Äpfel (vorzugsweise Bio-Äpfel)

2 EL Zucker

Für die Streusel:

20 g Zucker

35 g Mehl

2 Prisen gemahlener Zimt

20 g vegane Margarine

1 Prise Salz

Die Äpfel gründlich waschen und die Kerngehäuse ausstechen (falls vorhanden, mit einem Apfelausstecher). Die Äpfel mit einer Gabel einstechen und in eine kleine ofenfeste Form stellen. Mit Zucker bestreuen und ein halb volles Glas Wasser unten in die Form gießen.

In einer kleinen Schüssel die Zutaten für die Streusel mit den Fingerspitzen mischen (die Konsistenz ist dieselbe wie bei einem Crumble-Teig).

Die Äpfel noch ohne Streusel bei 170 °C 15 Minuten im Ofen garen lassen. Den Backofen öffnen, die Äpfel mit dem Saft aus der Form begießen, die Streusel über den Äpfeln verteilen und weitere 15–20 Minuten backen. Die Äpfel sollen weich sein, die Schale schön gebräunt und die Streusel goldbraun und knusprig.

Tipp

Dieses Dessert am besten schon in den Ofen schieben, wenn mit dem Essen begonnen wird – so sind die Äpfel nach der Hauptmahlzeit perfekt gegart und können heiß genossen werden.

Variante

Wenn Sie Spekulatius im Haus haben, können Sie die Äpfel nur mit Zucker und Wasser garen und direkt vor dem Servieren mit zerkrümelten Spekulatius bestreuen.

Gewürzkuchen

Veganer Gewürzkuchen ist im Handel nicht so leicht zu bekommen. Zum Glück lässt er sich problemlos selbst zubereiten und eignet sich auch als nettes essbares Geschenk zu den Feiertagen.

Für 1 Gewürzkuchen (8 Personen):

Die trockenen Zutaten:

150 g Mehl
50 g heller Rohrzucker
2 EL Lebkuchengewürz
1 TL Backpulver
1 TL Backnatron

Die feuchten Zutaten:

200 ml Sojamilch
150–200 g Glukosesirup mit Honigaroma oder ein anderer pflanzlicher Sirup

Eine Kastenform mit Backpapier auslegen.

In einer kleinen Schüssel die trockenen Zutaten mit einem Schneebesen mischen, in einer anderen die feuchten Zutaten. Je nachdem, ob man einen süßeren oder weniger süßen Gewürzkuchen bevorzugt, nimmt man 150–200 g Sirup.

Die feuchten Zutaten über die trockenen Zutaten geben und mit einem Schneebesen kräftig durchmischen. Der Teig soll schön glatt werden.

Den Teig in die vorbereitete Form geben und bei 180 °C 30–40 Minuten backen. Der Kuchen ist fertig, wenn ein Messer, das in der Mitte eingestochen wird, sauber herauskommt.

Infos

Glukosesirup mit Honigaroma wird bei orientalischen Backwaren als Ersatz für Honig verwendet. Man bekommt ihn im Supermarkt. Der Preis ist unterschiedlich. Ich habe ihn in einem kleineren Supermarkt für 2,50 €/kg gefunden, während er im Online-Shop für 1,60 €/kg erhältlich ist. Als Ersatz für Honig ist der Preis unschlagbar!
Sie können natürlich auch veganen Honig (aus einem Laden für vegane Produkte) oder einen beliebigen Sirup (z. B. aus Agave oder Ahorn) verwenden, der sehr süß, aber natürlicher ist.

Orangensalat mit Minze und Orangenblütenwasser

Bei Obstsalaten gibt es häufig zwei Lager. Die einen lieben sie, die anderen können gut darauf verzichten. Dabei muss man sagen, dass es nicht immer zu einem sonderlich leckeren Ergebnis führt, einfach alle Obstsorten zu mischen, die man vorrätig hat. Mit diesem zart aromatisierten Orangensalat haben Sie die Gelegenheit, ein Wunder zu bewirken: Sie können beide Seiten rund um den Obstsalat miteinander aussöhnen!

max. 1 € | max. 30 min | max. 5 Zutaten

Für 4 Personen:

6 Orangen
½–1 TL Orangenblütenwasser
1 EL Zuckersirup oder Zucker
2 Stängel marokkanische Minze

Die Orangen waschen und abtrocknen. Beide Enden abschneiden und die Orangen auf ein Brett stellen. Mit einem scharfen Messer bis zum Fruchtfleisch schälen, anschließend in nicht zu dünne Scheiben schneiden, sie sollen nicht zerfallen. Die Scheiben in einer Schüssel anrichten.

Die Orangenreste auspressen, um 2 EL Saft zu gewinnen. In einer kleinen Schüssel diesen Saft mit dem Orangenblütenwasser und dem Sirup oder Zucker mischen. Über die Orangen gießen.

Die kleinen Minzblätter abzupfen, die größeren hacken und alle über dem Orangensalat verteilen. 1 Stunde vor dem Verzehr kalt stellen. In einem verschlossenen Gefäß aufbewahren und innerhalb von 48 Stunden aufbrauchen.

Wenn das Budget es zulässt

Sie können zu diesem Salat einige geröstete Pinienkerne oder karamellisierte Mandelsplitter geben. Für eine Honignote verwenden Sie Glukosesirup mit Honigaroma (siehe Info-Kasten auf S. 192) oder veganen Honig.

Milchreis

Milchreis ist so nostalgisch und einfach, dass man ihn häufig nicht berücksichtigt – dabei muss man zugeben, dass ein noch lauwarmer Milchreis zu den Nachspeisen gehört, denen man nur schwer widerstehen kann. Zudem lässt er sich gut mit dem kombinieren, was man gerade im Haus hat.

Für 2–3 Personen:

100 g Rundkornreis
500 ml Pflanzenmilch
1 Päckchen Vanillezucker
2 EL beliebiger Zucker

Alle Zutaten in einem Topf mischen und bei mittlerer Hitze unter Rühren (mit einem Holzlöffel oder Spatel) kochen, bis der Reis weich und die Konsistenz schön cremig ist (ca. 15–20 Minuten).

Mit beliebigen Zutaten oder Toppings servieren und heiß oder lauwarm genießen. Milchreis kann im Kühlschrank aufbewahrt werden: Die Konsistenz wird dann fester und weniger cremig, sie erinnert eher an einen Reiskuchen.

Varianten

Nachfolgend einige Vorschläge für Beilagen zum Milchreis: Zesten von Zitrusfrüchten (wie Zitronen, Orangen, Clementinen oder Bergamotten), Karamell oder Karamellsoße, Fruchtsoße, süße Gewürze (wie Zimt oder Kardamom), zerbröselte Kekse (wie Spekulatius oder Cookies), Streusel oder frisches, würfelig geschnittenes Obst.

Grießpudding mit Clementinen

Ich muss zugeben, dass ich mich in diesem Kapitel vor allem an den Lieblingsdesserts meiner Kindheit orientiert habe. Der Grießpudding gehört auch zu diesen unvergesslichen Klassikern unserer Familie; ich habe ihn jedoch durch eine Version mit Karamell und Rosinen ersetzt, um eine feinere und köstlichere, mit Clementinen aromatisierte Version zu bieten.

Für 6 Personen:

600 ml Sojamilch oder eine andere beliebige Pflanzenmilch

100 g feiner Grieß

Saft und Schale von 1 Bio-Clementine

1 Päckchen Vanillezucker

65–85 g heller Rohrzucker

neutrales Öl für die Form

frisches Obst als Beilage

Die Zutaten für den Pudding in einen Topf geben. Je nachdem, ob man ein süßes oder weniger süßes Dessert bevorzugt, kann die Zuckermenge zwischen 65–85 g angepasst werden.

Bei mittlerer Hitze erhitzen und köcheln lassen, bis die Mischung die Konsistenz eines dicken Pürees hat.

Eine Puddingform ölen und die Mischung in die Form füllen.

Kalt stellen und mindestens 4 Stunden ruhen lassen.

Auf eine Servierplatte stürzen und mit frischem Obst garnieren.

Varianten

Dieses Rezept lässt sich ganz einfach auf andere Zutaten übertragen. Ersetzen Sie beispielsweise die Clementine durch eine Zitrone oder Orange. Wählen Sie eine Version ohne Zitrusfrüchte, bei der Sie etwas Karamell-, Frucht- oder Schokosoße (siehe S. 178) über den Pudding gießen. Wagen Sie sich an weitere eigene Geschmackskombinationen.

Zutatenregister

Äpfel
Apfel-Birnen-Crumble **170**
Apfelbutter **58**
Bratäpfel mit Zimtstreuseln **190**
Lockerer Apfelkuchen **176**

Apfelmus ohne Zuckerzusatz
Breakfast Trifle **46**
Hafer-Rosinen-Cookies **180**

Curry
Gemüseeintopf mit Curry und Kokosmilch ... **166**
Gemüsereis **140**
Geröstete Kichererbsen **152**
»Rührei« aus weißen Bohnen mit Curry **56**
Rote Linsensuppe mit Curry **98**
Zitronige Karottencreme mit Curry **78**

Dill
Frischkäse und Karotten mit
geräuchertem Paprika auf Toast **44**
Kartoffelsalat mit Dill-Senf-Sahne **118**
Pflanzliches Zaziki mit Dill und Minze **92**

Erbsen
Bulgursalat mit gebratenem Grün-
gemüse und Minze **124**
Erbsencreme mit Zitrone und Minze **82**
Gemüseeintopf mit Curry und Kokosmilch ... **166**
Smashed Potatoes, Erbsenpüree
und Joghurtsoße **150**

Erdnüsse
Energiekugeln **60**

Grieß
Grießpudding mit Clementinen **198**

Gurken
Frischkäse und Karotten mit
geräuchertem Paprika auf Toast **44**
Gazpacho **108**
Panzanella **122**
Pflanzliches Zaziki mit Dill und Minze **92**

Haferflocken
Baked Oatmeal mit Karotte **40**
Bananen-Hafershake **42**
Breakfast Trifle **46**
Energiekugeln **60**
Hafer-Rosinen-Cookies **180**
Hausgemachtes Müsli **36**
Müsliriegel zum Mitnehmen **50**
Overnight-Porridge **54**

Karotten
Baked Oatmeal mit Karotte **40**
Frischkäse und Karotten mit
geräuchertem Paprika auf Toast **44**
Gemüseeintopf mit Curry und Kokosmilch ... **166**
Gemüsereis **140**
Geröstete Karotten mit Thymian,
Kreuzkümmel und Joghurtsoße **134**

Karottencremesuppe mit Croûtons und Petersilie.................................... **104**
Lasagne.. **132**
Lauwarmer Salat aus geröstetem Wintergemüse mit Orange und Couscous **112**
Nudelsuppe mit knusprigem Tofu **100**
Parmentier mit Linsen und Pilzen **154**
Rainbow Slaw.................................... **116**
Reissuppe mit Pilzen **106**
Rote Linsensuppe mit Curry **98**
Zitronige Karottencreme mit Curry............ **78**

Kartoffeln

Empanadas... **66**
Gebackene Bohnen mit Kartoffelrösti **48**
Gemüseeintopf mit Curry und Kokosmilch **166**
Karottencremesuppe mit Croûtons und Petersilie.................................... **104**
Kartoffelgratin **148**
Kartoffelsalat mit Dill-Senf-Sahne............ **118**
Kartoffel-Wedges **86**
Kürbiscremesuppe................................. **102**
Lauwarmer Salat aus geröstetem Wintergemüse mit Orange und Couscous **112**
Parmentier mit Linsen und Pilzen **154**
Rote Linsensuppe mit Curry **98**
Rustikale Tomatensuppe......................... **96**
Smashed Potatoes, Erbsenpüree und Joghurtsoße................................... **150**

Kichererbsen

Geröstete Kichererbsen........................... **152**
Hummus mit karamellisierten Zwiebeln...... **64**

Kokosmilch

Gemüseeintopf mit Curry und Kokosmilch ... **166**

Kokosraspeln

Kleine Kokos-Vanille-Flans....................... **172**

Koriander, frisch

Linsenkroketten mit Kräutern.................... **84**
Rote Linsensuppe mit Curry...................... **98**
Salsa aus Tomaten und Paprika **68**

Koriander, gemahlen

Geröstete Kichererbsen........................... **152**
Kürbiscremesuppe................................. **102**

Kreuzkümmel

Geröstete Karotten mit Thymian, Kreuzkümmel und Joghurtsoße................ **134**
Geröstete Kichererbsen........................... **152**

Kürbis

Kürbiscremesuppe................................. **102**
Lauwarmer Salat aus geröstetem Wintergemüse mit Orange und Couscous **112**
Penne mit Kürbissahne........................... **128**

Lauch

Nudelsuppe mit knusprigem Tofu **100**
Reissuppe mit Pilzen **106**

Limetten

Salsa aus Tomaten und Paprika **68**

Linsen

Linsenkroketten mit Kräutern.................... **84**
Linsensalat... **114**

Mujaddara **144**

Parmentier mit Linsen und Pilzen **154**

Vegane Frikadellen **162**

Linsen, rote

Rote Linsensuppe mit Curry **98**

Mais

Chili aus zweierlei Bohnen **146**

Maissuppe **110**

Mandeln

Breakfast Trifle **46**

Gebratene Bananen mit Schokosoße
und Mandelblättchen **178**

Hausgemachtes Müsli **36**

Müsliriegel zum Mitnehmen **50**

Pochierte Birnen mit Spekulatius
und gerösteten Mandeln **184**

Minze

Bulgursalat mit gebratenem Grün-
gemüse und Minze **124**

Erbsenpüree mit Zitrone und Minze **82**

Linsenkroketten mit Kräutern **84**

Orangensalat mit Minze und Orangen-
blütenwasser **194**

Pflanzliches Zaziki mit Dill und Minze **92**

Mürbeteig

Empanadas **66**

Muskatnuss, gemahlen

Kartoffelgratin **148**

Kürbiscremesuppe mit Gewürzen **102**

Orangen

Orangensalat mit Minze und Orangen-
blütenwasser **194**

Lauwarmer Salat aus geröstetem Wintergemüse mit Orange und Couscous **112**

Orangenblütenwasser

Orangensalat mit Minze und Orangen-
blütenwasser **194**

Paprikaschoten

Chili aus zweierlei Bohnen **146**

Dip aus weißen Bohnen und
gegrillter Paprika **74**

Empanadas **66**

Gazpacho **108**

Gemüsereis **140**

Linsensalat **114**

Panzanella **122**

Reiseintopf à la Ratatouille **130**

»Rührei« aus weißen Bohnen mit Curry **56**

Salsa aus Tomaten und Paprika **68**

Pasta

Capellini mit Brokkoli-Pesto **164**

Pasta und Caponata **158**

Penne mit Kürbissahne **128**

Petersilie

Karottencremesuppe mit Croûtons
und Petersilie **104**

Linsenkroketten mit Kräutern **84**

Pflanzenmilch

Arme Ritter mit Zimt **38**

Bananenbrot **34**

Baked Oatmeal mit Karotte	**40**
Milchreis	**196**
Overnight-Porridge	**54**
Pancakes	**32**
Pannacotta mit einer Soße aus rohen Früchten	**182**
Zitronenkuchen	**174**

Pflanzlicher Joghurt

Apfelbutter	**58**
Breakfast Trifle	**46**

Pilze

Crostini mit Frischkäse und gebratenen Champignons	**80**
Einfache vegane Würstchen	**138**
Lasagne	**132**
Parmentier mit Linsen und Pilzen	**154**
Pilzpastete mit Schalotten	**70**
Reissuppe mit Pilzen	**106**

Reis

Einfache vegane Würstchen	**138**
Gemüsereis	**140**
Milchreis	**196**
Mujaddara	**144**
Reiseintopf à la Ratatouille	**130**
Reissuppe mit Pilzen	**106**
Vegane Hacksteaks	**156**

Rosinen

Breakfast Trifle	**46**
Energiekugeln	**60**
Hafer-Rosinen-Cookies	**180**
Hausgemachtes Müsli	**36**
Sodabrot mit Rosinen	**52**

Rote Bohnen, gekocht

Chili aus zweierlei Bohnen	**146**
Einfache vegane Würstchen	**138**
Empanadas	**66**
Vegane Hacksteaks	**156**

Rotkohl

Rainbow Slaw	**116**

Rucola

Bruschetta mit Tomate und Rucola-Pesto	**76**
Linsensalat	**114**

Sauerkirschen

Clafoutis mit Sauerkirschen	**188**

Schalotten

Kartoffelsalat mit Dill-Senf-Sahne	**118**
Pilzpastete mit Schalotten	**70**
Sojafrischkäse mit Schalotten und Schnittlauch	**88**

Schnittlauch

Sojafrischkäse mit Schalotten und Schnittlauch	**88**

Schokotropfen

Müsliriegel zum Mitnehmen	**50**

Sellerie

Gemüsereis	**140**
Lasagne	**132**
Pasta und Caponata	**158**
Rote Linsensuppe mit Curry	**98**

Sesamsamen, helle

Hummus mit karamellisierten Zwiebeln	**64**

Sojajoghurt natur

Bananen-Hafershake **42**

Crostini mit Frischkäse und
gebratenen Champignons **80**

Frischkäse und Karotten mit
geräuchertem Paprika auf Toast

Lockerer Apfelkuchen **176**

Pannacotta mit einer Soße aus
rohen Früchten **182**

Pflanzliches Zaziki mit Dill und Minze **92**

Provenzalische Gemüsetarte **160**

Snickerdoodles **186**

Zitronenkuchen **174**

Zitronige Karottencreme mit Curry **78**

Sojamilch

Grießpudding mit Clementinen **198**

Kartoffelgratin **148**

Overnight-Porridge **54**

Sodabrot mit Rosinen **52**

Sojafrischkäse mit Schalotten und
Schnittlauch **88**

Sojasahne

Kartoffelgratin **148**

Kartoffel-Wedges **86**

Smashed Potatoes, Erbsenpüree
und Joghurtsoße **150**

Sonnenblumenkerne

Breakfast Trifle **46**

Bruschetta mit Tomate und
Rucola-Pesto **76**

Hausgemachtes Müsli **36**

Müsliriegel zum Mitnehmen **50**

Pilzpastete mit Schalotten **70**

Spekulatius

Pochierte Birnen mit Spekulatius
und gerösteten Mandeln **184**

Spinat

»Rührei« aus weißen Bohnen mit Curry **56**

Tofu

Nudelsuppe mit knusprigem Tofu **100**

Tomaten

Bruschetta mit Tomate und Rucola-Pesto **76**

Gazpacho **108**

Gefüllte Tomaten **136**

Panzanella **122**

Pasta mit Caponata **158**

Provenzalische Gemüsetarte **160**

Reiseintopf à la Ratatouille **130**

Salsa aus Tomaten und Paprika **68**

Tomaten, stückige

Lasagne **132**

Rustikale Tomatensuppe **96**

Tomatenpüree

Gebackene Bohnen mit Kartoffelrösti **48**

Tomatenpulpe

Chili aus zweierlei Bohnen **146**

Vanille-Pflanzenmilch

Kleine Kokos-Vanille-Flans **172**

Vegane Blockschokolade

Gebratene Bananen mit Schokosoße und Mandelblättchen **178**

Weiße Bohnen, gekocht

Chili aus zweierlei Bohnen **146**

Dip aus weißen Bohnen und gegrillter Paprika **74**

Einfache vegane Würstchen **138**

Empanadas **66**

Gebackene Bohnen mit Kartoffelrösti **48**

Gefüllte Tomaten **136**

»Rührei« aus weißen Bohnen mit Curry **56**

Rustikale Tomatensuppe **96**

Weißkohl

Rainbow Slaw **116**

Zimt, gemahlen

Arme Ritter mit Zimt **38**

Bratäpfel mit Zimtstreuseln **190**

Kürbiscremesuppe mit Gewürzen **102**

Snickerdoodles **186**

Zitronen

Zitronenkuchen **174**

Zucchini

Focaccia mit Zucchini **72**

Provenzalische Gemüsetarte **160**

Reiseintopf à la Ratatouille **130**

Zwiebeln

Hummus mit karamellisierten Zwiebeln **64**

Mujaddara **144**

Zwiebelringe **90**

Rezeptregister

A
Apfel-Birnen-Crumble **170**

Apfelbutter **58**

Apfelkuchen, lockerer **176**

Arme Ritter mit Zimt **38**

B
Baked Oatmeal mit Karotte **40**

Bananenbrot **34**

Bananen-Hafershake **42**

Bananen, gebratene mit Schokosoße und Mandelblättchen **178**

Birnen, pochierte mit Spekulatius und gerösteten Mandeln **184**

Bratäpfel mit Zimtstreuseln **190**

Breakfast Trifle **46**

Bruschetta mit Tomate und Rucola-Pesto **76**

Bulgursalat mit gebratenem Grüngemüse und Minze **124**

C
Capellini mit Brokkoli-Pesto **164**

Chili aus zweierlei Bohnen **146**

Clafoutis mit Sauerkirschen **188**

Crostini mit Frischkäse und gebratenen Champignons **80**

D
Dip aus weißen Bohnen und gegrillter Paprika **74**

Dressing, Honig-Senf- **120**

Dressing, italienisches **120**

E
Empanadas **66**

Energiekugeln **60**

Erbsenpüree mit Zitrone und Minze **82**

F
Focaccia mit Zucchini **72**

Frikadellen, vegane **162**

Frischkäse und Karotten mit geräuchertem Paprika auf Toast **44**

G
Gazpacho **108**

Gebackene Bohnen mit Kartoffelrösti **48**

Gefüllte Tomaten **136**

Gemüseeintopf mit Curry und Kokosmilch **166**

Gemüsereis **140**

Gemüsetarte, provenzalische **160**

Geröstete Karotten mit Thymian, Kreuzkümmel und Joghurtsoße **134**

Gerösteter Blumenkohl **142**

Gewürzkuchen **192**

Grießpudding mit Clementinen **198**

H
Hacksteaks, vegane **156**

Hafer-Rosinen-Cookies **180**

Hummus mit karamellisierten Zwiebeln **64**

K
Karottencremesuppe mit Croûtons und Petersilie **104**

Kartoffelgratin **148**

Kartoffelsalat mit Dill-Senf-Sahne **118**

Kartoffel-Wedges **86**

Kichererbsen, geröstete **152**

Kokos-Vanille-Flans, kleine **172**

Kürbiscremesuppe **102**

L

Lasagne **132**

Lauwarmer Salat aus geröstetem Wintergemüse mit Orange und Couscous **112**

Linsenkroketten mit Kräutern **84**

Linsensalat **114**

M

Maissuppe **110**

Milchreis **196**

Müsli, hausgemachtes **36**

Müsliriegel zum Mitnehmen **50**

Mujaddara **144**

N

Nudelsuppe mit knusprigem Tofu **100**

O

Orangensalat mit Minze und Orangenblütenwasser **194**

Overnight-Porridge **54**

P

Pancakes **32**

Pannacotta mit einer Soße aus rohen Früchten **182**

Panzanella **122**

Parmentier mit Linsen und Pilzen **154**

Pasta mit Caponata **158**

Penne mit Kürbissahne **128**

Pilzpastete mit Schalotten **70**

R

Rainbow Slaw **116**

Reiseintopf à la Ratatouille **130**

Reissuppe mit Pilzen **106**

Rote Linsensuppe mit Curry **98**

Rührei aus weißen Bohnen mit Curry **56**

S

Salsa aus Tomaten und Paprika **68**

Smashed Potatoes, Erbsenpüree und Joghurtsoße **150**

Snickerdoodles **186**

Sodabrot mit Rosinen **52**

Sojafrischkäse mit Schalotten und Schnittlauch **88**

Soße nach Art eines Ranch-Dressings **120**

T

Tomatensuppe, rustikale **96**

V

Vinaigrette, Himbeer- **120**

Vinaigrette, Zitronen-Pfeffer- **120**

W

Würstchen, einfache vegane **138**

Z

Zaziki, pflanzliches mit Dill und Minze **92**

Zitronenkuchen **174**

Zitronige Karottencreme mit Curry **78**

Zwiebelringe **90**

Danksagung

Ein riesiger Dank geht an Mathieu (offizieller Verkoster, Projektleiter [Koch-]Geschirr, Einkaufsassistent und Goldstück von Ehemann) für seine unschätzbare Hilfe während der Entstehung dieses Buches. Ohne dich wäre das nicht möglich gewesen!

Dank geht an Didier Férat dafür, mir diese Reihe angeboten zu haben sowie für seine Begeisterung und sein Vertrauen.

Dank geht an Diane Monserat für ihre unendliche Geduld und ihr Entgegenkommen bei der (leicht chaotischen!) Abgabe des Manuskripts.

Dank geht an Élise Desaulniers für ihr großartiges Vorwort, ihre Freundschaft und ihre anregende Arbeit.

Und natürlich ein Dank an alle, die sich auf das Abenteuer »Veganismus« einlassen, die sich herantasten, ihre Gewohnheiten zu ändern. Eure Bemühungen tragen dazu bei, die Welt zu verändern.